素人力

エンタメビジネスのトリック?!

長坂信人

JN178782

光文社新書

目次

第四章　変人との人間関係　101

スペシャル対談　131

序章――キーワードは「素人」

世紀の大赤字！

「えっ、どうしよう⁉」

３０００万円の大赤字でした――。

撮影は終わってしまっているので、もう手の打ちようがありません。担当プロデューサーに激しい怒りをぶつけましたが、後の祭り。それ以前もそれ以後も、あんなに怒ったことがないというくらい、怒りました。

今をさかのぼること18年、２０００年のことです。この大赤字を出したのは、私が社長を務めるオフィスクレッシェンド制作のテレビドラマ『ＴＲＩＣＫ（トリック）』の第一シリーズ。仲間由紀恵さんと阿部寛さんがブレイクするきっかけとなった深夜ドラマで、弊社（オフィスクレッシェンド）所属の堤幸彦《つつみゆきひこ》らが監督を務めました。これまでにテレビシリーズ３本、テレビスペシャル３本、映画４本が作られた、大ヒットシリーズです。

『トリック』大赤字の理由は「大量のロケ」でした。

オフィスクレッシェンドのような制作会社は、テレビ局から提示された制作予算で番組制作を受注します。制作会社は、そのなかから監督ほかスタッフへのギャラや俳優さんたちへの出演料、ロケーション費・編集費などを捻出し、手残り分が会社の利益となるわけです。

そして、実写ドラマはスタジオで撮影するよりも、屋外ロケで撮影するほうがずっとお金がかかります。

出演者やスタッフの移動・滞在費用、ロケバスやロケ弁代など、かかるお金はスタジオ撮影と比べ物になりません。遠方でロケをすればするほど役者さんたちの拘束時間は長くなりますし、悪天候によって撮影が延びることも少なくありません。撮影が延びれば延びるほど、お金は湯水のように出ていきます。

『トリック』の場合、普通のドラマに比べて、スタジオセットではなく屋外や実際の建物内での撮影が多く、ロケ費用があまりにもかかりすぎていました。山村や沖縄といった遠方が舞台の回もありました。エピソードごとにロケ場所が違えば、スタッフが一カ所に長期滞在してまとめて撮影、というわけにもいきません。

もちろん、ロケを減らせば制作費は抑えられます。しかし『トリック』の監督たちは、少しでも良い作品を作りたいという一心で、おそらく悪気なく、豪快にロケを敢行しました。

本来、この監督たちの〝暴走〟を止めるのは、同じくオフィスクレッシェンドに所属しているプロデューサーと呼ばれる人間の仕事ですが、彼が監督たちを抑えきれないまま、撮影が進んでしまったのです。

結果、『トリック』第一シリーズは完全に「持ち出し」になっていました。馬鹿みたいな話ですが、手残りどころか、テレビ局から受注した予算金額以上に制作費を使ってしまったのです。私が気づいた時には、時すでに遅し、でした。

当時の私は、会社の代表（私は「社長」ですが、社内では「代表」と呼ばれています。理由は後述します）を務めながらも、別の番組の現場プロデューサーも兼務していました。古舘伊知郎さんが司会を務める『クイズ赤恥《あかっぱじ》青恥《あおっぱじ》』ほか、いくつかの番組を担当していたのです。

自分の担当番組に手一杯で、真っ赤っ赤になっていた『トリック』の窮状に気づきませんでした。完全に、代表失格です。

ヒット作でも元は取れない

巨額の制作費がかかったとしても、『トリック』はヒットしたんだから元を取れたんじゃないの？　とお思いの方がいらっしゃるかもしれません。しかし、残念ながらテレビドラマというのはそういう仕組みになっていないのです。作った作品がどれだけ高い視聴率を獲得しても、成功報酬が支払われるわけではありません（逆に言えば、視聴率が低いからといって、罰金を取られるようなこともありませんが）。

映画作品のように、制作会社が「出資」できるケースなら、興行のヒットに応じた配当を受け取れますし、そういう作品もあります。しかし『トリック』第一シリーズは制作受注したテレビドラマでしたから、高視聴率を取ったところで配当などありませんでした。

テレビドラマであっても、ＤＶＤ化されて売れれば監督に印税が入ります。ただ、テレビ放映中に、これから発売されるＤＶＤがどれだけ売れるかなんて予測がつきませんし、それを当てに収支を考えることはできません。そんな皮算用は、あまりにもリスクが高すぎるからです。

困った私は、テレビ局に「なんとかしていただけませんか」と頭を下げました。もちろん局にとっては知ったことではありません。発注した制作会社が、勝手に予算超過しただけの話。テレビ局側が助ける義理などない……のですが、寛容なはからいもあり、窮地を切り抜けることができました。

さらに、放映後に発売された『トリック』のＤＶＤが記録的にたくさん売れ、監督の堤にも印税が入ったのですが、彼はそれをすべて会社に譲渡してくれました。〝暴走〟したことの、せめてもの罪滅ぼしの気持ちだったのでしょう。代表として、これは遠慮なく受け取りました。

とはいえ、いずれも大赤字を補填できるようなものではありません。焼け石に水です。結果、会社は大打撃を受け、危機的な状況を迎えましたが、なんとか危機を乗り越えました。今思い出しても冷や汗が出ます。

そもそも「制作会社」って？

『トリック』の例からわかるように、制作会社である我々は、基本的に受注商売・下請け商売です。いくら面白い企画を思いついても、発注元がなければ番組は作れません。発注元とは、テレビ局や映画会社、ミュージックビデオの制作を依頼してくるレコード会社や芸能プロダクションなどです。

受注商売ということは、ちょっと言い方は悪いですが、たくさんの制作予算をクライアントから引き出し、予算を削減して作れば、その分手残りが多くなるということです。逆に、限界までお金をかければ、ゴージャスな作品ができあがりますが、手残りはわずか。『トリック』の場合、作品をゴージャスにしすぎたあまり、手残りがゼロ以下、「マイナス」になってしまったわけです。

ちなみに制作会社の通常の利益率は、請け負った予算の10パーセントから15パーセントくらい。そのなかから、スタッフへのギャラや会社の運営費を捻出します。

正直言って、それほど利益率の高い商売ではありません。テレビの制作会社と聞くと華やかな世界に見えるかもしれませんが、しょっぱい商売なのです。

一般視聴者にもそうした受発注関係が一目でわかるのが、エンディングで主題歌が流れている時に画面に出る、スタッフクレジットです。

『トリック』を例に取ると、「製作・著作：テレビ朝日、東宝」「制作協力：オフィスクレッシェンド」とあります。製作が発注元、制作が受注元というわけです。

「製作」とは、主に企画を起案し制作費を用意する会社のことです。一方「制作」は、実際にスタッフや出演者をキャスティングし、演出家（監督）の指揮のもと、脚本制作や撮影を担当する実働部隊を指します。作品の権利（著作権）は「製作」元が保有し、「制作」には権利がありません。

同じ「せいさく」でも、「衣」が下に付くか付かないかで、そこには明確なビジネス上の違いがあるのがおわかりでしょうか。

テレビ局に発注されるか、持ち込むか

制作会社にとって、新番組や新作映画を作る経緯は、大きく分けてふたつあります。

ひとつは、クライアント（テレビ局や映画会社）から「この企画を、このキャスト陣で作ってほしい」というオーダーを受けて制作する場合です。文字通りの下請けですが、何も「テレビ局から言われたものを指示通り作っている、かわいそうな業者」というわけではありません。

オフィスクレッシェンドには、予算管理も含めて作品を全統括するプロデューサー、演出家として実際に作品を作り上げる監督のほか、作品の企画を立てるコンテンツプランナー、映画・ドラマの脚本やバラエティ番組の台本を書く脚本家や放送作家などが在籍しています。

なかでも監督には強烈な個性を持つ人が多く、『20世紀少年』『SPEC～警視庁公安部公安第五課　未詳事件特別対策係事件簿～』『イニシエーション・ラブ』の堤幸彦、『モテキ』『バクマン。』『SCOOP!』『奥田民生になりたいボーイと出会う男すべて狂わせるガール』の大根《おおね》仁《ひとし》、『ROOKIES－卒業－』『JIN－仁－』『僕だけがいない街』の平川雄一朗《ひらかわゆういちろう》などは、よく知られているのではないでしょうか。

監督はほかにも、佐藤徹也（映画『絶叫学級』）、中前勇児（映画『ガキ☆ロック』）、神徳幸治（映画『ピーチガール』）、高橋洋人（テレビドラマ『視覚探偵　日暮旅人』）、藤原知之（テレビドラマ『警部補　矢部謙三2』）、大形美佑葵（テレビドラマ『AKBラブナイト　恋工場』）、石田雄介（映画『ナオト・インティライミ冒険記　旅歌ダイアリー』）、二宮崇（テレビドラマ『あぽやん～走る国際空港』）、などが在籍しています。

堤、大根、平川をはじめとした彼らの作風や手がけるジャンルはさまざまですが、テレビ局はしばしば、彼らが作り上げる唯一無二の世界観を求め、名指しで監督を指名してくれます。受注仕事とはいえ、自分たちにしか作ることのできない作品がこうして生まれるのです。

その結果、作品を評価してくれた特定の局の特定の枠、特定のプロデューサーが、特定の監督と強く結びつくことも少なくありません。

たとえば、堤が手がけた『金田一少年の事件簿』（第一シリーズ：1995年7月〜9月）の枠は、そのドラマが終了した後も堤の作品が何年か続きました。『サイコメトラーEIJI』（97年1月〜3月）、『ぼくらの勇気 未満都市』（97年10月〜12月）、『ハルモニア この愛の涯て』（98年7月〜12月）、『新・俺たちの旅 Ver.1999』（99年7月〜9月）などです。

もうひとつは、制作会社がテレビ局に企画を持ち込む場合です。

たとえば、テレビドラマ、映画版ともにヒットを飛ばした『モテキ』（TVシリーズ２０１０年７月～10月、映画版11年）は、もともと漫画原作者の久保ミツロウさんが「映像化するなら大根仁監督で」と希望されていた作品です。

いろいろな局に企画を持ち込みましたがなかなか決まらず、最後の最後にテレビ東京に持ち込んだところ、ようやく深夜枠での放映が決定しました。蓋を開けたら大人気。映画版も20億円以上の興行収入を稼ぎました。

また、オフィスクレッシェンドはＫＡＤＯＫＡＷＡと業務提携させてもらっているので、ＫＡＤＯＫＡＷＡ原作作品の映像化を映画会社に持ち込むことも増えました。平川雄一朗が監督した『僕だけがいない街』（16年３月公開）や、堤ほかが演出したドラマ『視覚探偵　日暮旅人』（17年１月～３月）はその流れでした。

どちらの方法でも、私たちがテレビ局や映画会社と衝突することはありませんが、「そのクオリティを維持するためなら、これくらいの予算が必要だ」といった交渉やせめぎ合いは、当然あります。そのせめぎ合いの矢面に立つのは、監督ではなく制作会社所属のプロデューサーです。

プロデューサーはつらいよ

通常、ひとつの作品についてプロデューサーは発注元（テレビ局や映画会社など）と制作会社それぞれにいて、テレビ局のプロデューサーは「局P」などと呼ばれます。テレビドラマを例に取ると、おおむね局Pは企画全体の方向性をコントロールし、制作会社のプロデューサーは現場一切を統括します。

たとえばスタッフの人繰りや出演者への交渉、予算の管理など。局Pからのリクエストを調整して現場に落とし込んだり、時に現場トラブルの処理で駆けずり回ったり。言ってみれば、なんでも屋です。

いずれにせよ、現場で何かあった時の矛先は、まず制作会社のプロデューサーに向けられます。だから、「プロデューサーって何？」という質問に一言で答えるとしたら、「総責任者」というのが正しいかもしれません。

しかし、こと日本のテレビ業界や映画業界においては、必ずしも「総責任者」が一番偉いわけではありません。ハリウッドではプロデューサーの権限が絶対ですが、日本ではそうとも限りません。悲しいことに、オフィスクレッシェンドの若いプロデューサーは、社歴の長い監督たちになかなか意見することができません。

まだ経験の浅い社員プロデューサーが、過酷な現場を渡り歩いてヒット作を生み出してきた歴戦のツワモノ監督たちに、予算やら何やらをとやかく言うのは、たしかに難しいでしょう。年功序列・上下関係の厳しいテレビ業界や映画業界では、なおのことです。

そういった意味で、日本の映像プロデューサーの多くは、けっこうつらい立場に置かれています。

ど素人のまま？　24年

いっぽう、ツワモノ監督たちが抱く理想のプロデューサー像は「ものすごく良い環境で自分の作品を撮らせてくれる人」ですが、もし本当に監督の望み通りにしたら、

『トリック』の大赤字のようにとんでもないことになってしまいます。

プロデューサーという職業のイメージとして「肩にカーディガンをひっかけて、風を切って歩く偉そうな人」なんて思っている人は、すぐに改めてください。少なくとも制作会社のプロデューサーは、日々板挟み、胃の痛い職業です。

私自身も、現場プロデューサー時代には「なんか、責任だけ負わされてるなあ」と痛感していました。

私のはじめてのプロデュース作は１９９１年、秋元康さんが企画して脚本を書き、堤が監督したオノ・ヨーコさん主演の『ＨＯＭＥＬＥＳＳ』という作品です。秋元さんは、業界経験ゼロ、まったくもって素人だった私をアシスタント・プロデューサーに任命したのですから、当時は右も左もわからず大変でした。堤とはその後も何度か組んで作品を作りましたが、かなり振り回されたものです（笑）。

94年、「ＳＯＬＤ ＯＵＴ」という会社のメンバーたちとオフィスクレッシェンドを設立。秋元さんの指名で、私は代表に就任しました。経営なんぞしたこともないのに、いきなり経営者になってしまったのです。

吹けば飛ぶような小さな制作会社を率いる、心もとない素人社長。先行きは不安でしたが、それから24年、いくつかのヒット作に恵まれて、なんとか今まで生き残ってこられました。

現在、オフィスクレッシェンドには監督、プロデューサー、作家など約70名が所属し、テレビドラマや映画を常時何本も制作できるまでになっています。

本書は、たいした志もなく成り行きで映像業界に足を突っ込み、素人プロデューサーを経て素人社長となった私が、その仕事人生のなかで、素人なりに見つけた仕事術や、偉大な先輩・恩師から学んだことをまとめたものです。

なにせ、今でも素人社長を自認している私のような者が書く本です。大企業での出世欲にあふれている野心家の方や、仕事でリーダーシップをいかんなく発揮したい方などには、あまりおすすめできません。

でも、小所帯だからこそできる面白いことをしたい、自分の身の丈に合った成功を収めたいと思う人には、きっと何かしらの参考になるでしょう。

本書のキーワードは「素人」です。

実は仕事において「素人」であることは、けっして弱みにならないと思います。むしろ、私が「素人」だったからこそ、オフィスクレッシェンドは20年以上つぶれずにもちました。その理由を本書から汲み取ってもらえれば、嬉しいです。

第一章　素人社長の誕生

私は「まさぐりの砂」

私という人間は、昔から「イジられてナンボ男」だと思っています。

たとえば秋元さんは以前、ちょっとここには書けない私の恥ずかしいプライベートをAKB48スタッフチームのグループLINEに晒《さら》してご満悦でした。晒される私はたまったもんじゃありませんが、スタッフチームには、「(長坂)代表が来ると秋元さんはずっと笑ってるし、私らも楽しいんで、毎回来てください」と言われました。これはイジられ冥利につきます。

秋元さんにとっての私は、おそらく「まさぐりの砂」なんだと思います。ほら、高級料亭の座椅子の肘掛けに砂入れがあって、偉い政治家先生なんかがしゃべりながらずっと手で弄《もてあそ》んでいる、まさぐってる砂があるじゃないですか。手悪さの受け皿。私はあれです。

砂自体には何の機能もありませんが、傍らにイジれる状態で盛られていれば、偉い人は機嫌良く話ができます。ちょっと傲慢な言い方ですが、ものすごく大きな取引や密談をする際に、「まさぐりの砂」はなくてはならないものじゃないでしょうか。私がイジられてピエロ役にされても、それによって場が明るく、和やかになって、物事がスムーズに進むなら、それでいい。私がいる意味はちゃんとあるのではないでしょうか。

私のことを、テレビ業界に20年以上もいる割にはずいぶんと情けない、心もとない人だなあとお思いかもしれませんね。

もともと、映像制作の世界で生きていこうなんて気は、さらさらありませんでした。小学校からずっと野球が好きで、中学・高校時代の興味も、どちらかというとテレビや映画よりもスポーツや音楽。

いわゆる不良ではありませんでしたが、周りにおだてられて育ったからか、どうもちゃかついているというか、うわついているというか。女の子にもてたくて、チャラチャラしていました。

さらに、自分で言うのも恥ずかしいですが、要領が良かったせいか、あまり勉強しなくてもそこそこの成績は確保できていました。さすがに高校ではちゃんと勉強しないと良い成績は取れないのですが、それでも「いざ本気でやれば、他人よりできるはずだ」というまったく根拠のない自信に満ちていたのです。

この根拠のない自信は、今に至るまでずっと引きずっている私の性質ですが、テレビ業界ではわりかし大切なことだと思っています。

大きなお金とたくさんの人が動く世界ですから、いちいち「これ大丈夫かな?」と不安になっていては、仕事が動きません。根拠のない自信をもとに、えいや!と決断しなければならないのです。

実は、小さいころから将来は医者になろうと思っていました。というか、実家が病院だったので、そうせざるを得ない状況だったというのが正直なところです。

要領が良かったせいか、なんと東京の医大に進学することができました。ただ、大学に通ってみて、医者には向いてないなあというのをしみじみ感じてしまったのです。

情けない話ですが、人の命を預かる責任を自分なんかが負えない、と怖くなってしまいました。

それで、これもまったく考えなしでしたが、親に「アメリカに行かせてくれ」と頼みました。医者に向いていないとなぜアメリカなのか、まったく意味不明ですが、小さいころから「アメリカかっこいいなあ」という浅～い憧れがあったのと、心のどこかでモラトリアムを延長したいという気持ちもあったのでしょう。親とはかなり衝突しましたが、脛《すね》をかじりまくって南カリフォルニア大学に行かせてもらいました。

ここまで、なんの志も計画もない、要領と恵まれた環境だけで生きてきた私の人生に呆れますよね。でも、この先もそんな感じです。

秋元康さんとの出会い

私は南カリフォルニア大学在学中、放送作家で作詞活動も始められていた秋元康さんとたまたま知り合います。この出会いは確実に私の運命を変えました。

秋元さんとはなぜかウマが合ったので、その後、秋元さんがLAに遊びに来るたびに、私は友達感覚で会っていました。

すると2～3年後、秋元さんが構成された番組『夕やけニャンニャン』から誕生したアイドルユニット、おニャン子クラブが大当たり。秋元さんは一躍、時代の寵児となります。1985年のことでした。その後、秋元さんはどんどん売れっ子になっていきましたが、私はそのままアメリカで学生生活を送っていました。

1988年、秋元さんから連絡がありました。「ニューヨークに会社を作ったから来いよ」と言うのです。彼はオフ・ブロードウェイのミュージカルを企画し、自身で立ち上げられた会社「SOLD OUT」のメンバーとともに渡米していました。

しかし私にビジネスの経験は皆無です。ショービジネスに詳しかったわけでも、すごく興味があったわけでもありません。秋元さんのLA滞在中にパーソナルコーディネーターみたいなことをしていて、ウマが合ったのかもしれませんが、なぜ声をかけてくれたのか謎です。もしかすると秋元さん、そのころから「まさぐりの砂」としての私の使い道に気づいていたのでしょうか。

私は秋元さんに「面白そうだと思うんですが、私は経験もないですし、お役に立てるんでしょうか?」と聞きましたが、お構いなし。「ノブト君、何になりたい？　プロデューサーがいいか、ディレクターがいいか、物書きがいいか」と返してくるばかりです。

何になりたいと言われても、何もしたことがないので、言い淀んでいると、「英語話せるからプロデューサーでいいか」と。さすがに安直すぎます。

しかも、一般的にプロデューサーになるまでには、ＡＤやディレクターなど、現場で色々とステップを踏むものですが、現場経験なしでいきなりプロデューサーです。

この時、秋元さんから教えていただいたことがあります。

「プロデューサーは、知らなくても『知らない』と言ってはいけない」

この世界、相手になめられてはいけない。どんなにトンチンカンな話でも、そこはブラフでも、知っています、理解していますと言わなければならない。知らない、わからないと言った瞬間にアウト、話がご破算になってしまうということでした。

要領とブラフで乗り切る。——なんだか私の人生を象徴しているような教えですが、そもそもプロデューサーという職業自体、「要領とブラフ」を肩書きにしたような役職です。

本来のプロデューサーは、予算を握り、コントロールし、作品についてすべての責任を負う立場。ハリウッドにおける“Producer”とはそういう職業を指します。

ところが、日本では職務の内容が実に曖昧《あいまい》。プロデューサーを日本語に訳すと「企画」「製作」「製作総指揮」あたりが妥当なところですが、正直よくわかりませんよね（笑）。

実際、企画立案からアイデアを出すプロデューサーもいれば、現場の制作進行に徹するプロデューサーもいます。たいした仕事をしていなくても、名刺に「プロデューサー」と刷って口八丁手八丁でなんとかやっている人もいます……って、それは当時の私です。インチキと言うと言い過ぎかもしれませんが……（汗）。

「要領とブラフ」とセットになっているのが、たいして自信がなくてもえいやと決めてしまう「決断力」ですが、これはもう「若さ」あってのもの。ＳＯＬＤ ＯＵＴ参加時の若い時分だったからこそ、持ち得た能力です。

見切り発車ができる勇気、危険をかえりみず突き進む好奇心。これは、会社を率いて自分以外の人間の責任を負うようになった今となっては、失ったものと言わざるを得ないでしょう。

逆に言えば、若くて背負うものがないうちは、なんでも決断できますし、すべきです。一見して大企業のトップほど決断力があると思われがちですが、若いころのそれには勝てません。（私より）若い皆さんは、どんどん決断してください。

「社長」ではなく「代表」

話を戻しましょう。オフィスクレッシェンドが立ち上がった時も、ノーステップでいきなり代表に指名されました。

1994年、SOLD OUTの主要メンバーが、新規に立ち上げたオフィスクレッシエンドに移籍して再スタートを切ることになった際、じゃあ誰が仕切る? という話に当然なりました。

すると秋元さんが、鶴の一声で「長坂でいいんじゃない」とおっしゃったのです。当時SOLD OUTには副社長もチーフプロデューサーもいましたし、堤も役員でした。そのあたりから社長を選ぶのが自然のはずです。なのに、一担当プロデューサーでしかなかった私が、突然、なんの説明もなく指名されました。

アメリカにダラダラ滞在していた怠惰な私が、企業の代表になるとは、人生わからないものです。

のちのち冗談がてら秋元さんに「前田敦子をAKB48のセンターに抜擢したような眼力で、私を代表に指名したんですか?」と聞いたところ、「そんなわけないだろ。お前の実家が、いちばん資産的に担保価値があったからだよ」と言われました。これ、一体どこまで本気なのでしょうか……。

なぜ私の役職名が「社長」ではなく「代表」なのかと言えば、単に照れくさいからです。「社長」は、飲み屋さんなどで「シャチョさん」と呼ばれるようなイメージでもありますし。それで社員に呼称を考えてもらった結果、「代表」に落ち着きました。

代表として会社を任された私が最初に立てた会社の目標は、自力で「枠」を取ることでした。「枠」とはテレビ番組枠のことです。

テレビ局は編成というものによって、いつ、どんな番組を放送するかを細かく決めていますが、まったくの新規で番組枠を獲得することは、制作会社に信用がないとできません。なぜなら、その枠はもともと別の制作会社がなんらかの番組を作っていたわけですから。

これは、長年キリンビールが卸していた居酒屋に飛び込み営業して、「今日からサッポロビールにしてください」と言うようなもの。いや、キリンがサッポロになるという大手企業同士の話ならともかく、生まれたばかりで実績に乏しい弱小制作会社が「枠」を取るのは、さらに難易度が高いのです。

逆に言えば、自力で「枠」を取れるかどうかが、番組制作会社の実力をはかる物差しであるとも言えるでしょう。

当初は完全に秋元さんのおんぶに抱っこでした。

はじめて枠を取った番組の受難

はじめて自力で枠が取れたのは、テレビ朝日で1994年に放映された『大人にして』という、1クール（3カ月間の放映）の深夜番組でした。「女子高生が番組を作る」というコンセプトのバラエティ番組で、辺見えみりさんも出演していました。

ただ残念なことに、局の考査に引っかかって放送できない回が1本、お蔵入りになってしまいました。その内容は、現役女子高生に吉原に行ってもらって風俗店のお姉さんたちにインタビューしたり、スケベしり取りをしながらバレーボールをしたりというものです。

局がNGを出した理由は「そもそも女子高生が吉原を歩いていること自体がダメ」というもので、編集でダメなシーンを切ってつなぎ直せるようなレベルではありませんでした。

　確かに過激ですが、私はお蔵入りという決定にどうしても納得できませんでした。事前に局Pから企画の承諾を得ていましたし、彼も大笑いしてノリノリ。ロケにも同伴しています。それを後になってひっくり返すのは、通常ではあり得ないほど理不尽です。

　私は落胆し、激しい怒りにかられました。はじめて自力で枠が取れたという記念すべき最初のレギュラーだったのにもかかわらず、なんだかミソをつけられた気がしたからです。

　ただ、この悔しさがあってこそ今があるのもまた、間違いありません。これをバネになんとか会社を回していき、ひとつの転機になったのが1995年に放映がスタートした2つの番組、古舘伊知郎さんが司会を務める『クイズ赤恥青恥』と、『金田一少年の事件簿』第一シリーズです。

　それまで会社の維持と成長についてはほとんど考えておらず、会社ごっこに毛が生えた程度の気分でいた私ですが、このころから「せめて2000年くらいまではもたせないと」と考えるくらいには責任感が芽生えていました。それでもたった5年先のこと。世間のちゃんとした経営者の方からは、笑われてしまいますね。ましてや、そこから20年以上も会社が続くなんて、夢物語です。

大きな資本を入れないでひとつの制作会社が20年続けられたということが、どれほどのことなのか、正直よくわかりません。同じテーブルに乗っけて語られる制作会社にROBOTさんがありますが、ほかの制作会社も含めて競合他社と意識したことは一度もありませんし、むしろ並べていただくなんて光栄です（笑）。

ただ、資金繰りに関していうと、オフィスクレッシェンドに限らずほかの制作会社も苦労されていると思います。受注仕事である以上、制作費や人件費は先に持ち出しになるので、作品をたくさん請ければ請けるほど、手持ちのキャッシュが必要になってくるからです。

特に弊社は、制作会社としては70人と所帯も大きいので、同時進行している作品数も多い。今でこそなんとか回るようになっていますが、設立当初はそれこそ綱渡りの毎日でした。

偶然は必然

「長坂は要領と運だけでやってきた」

はい、その通りです。死ぬほど勉強したわけでも、この業界に入るために死ぬ気で努力したわけでもない。逆にお気楽（？）に生きていたのに、偶然に偶然が重なって、こうなりました。

運というものは、この世の中に間違いなく存在していると思います。では、どうやって運をつかむのかと言えば、別に寝て待っていればよいわけではありません。私について言えば、良い作品を生み出せるような環境をきちんと整え、作品をまじめに作り続けること。その蓄積が、優秀なパートナーや、応援してくださる方と出会わせてくれるのです。

私は、「偶然は必然」だと思っています。ある人と知り合えたり関われたりするのは、運ではありますが、運をつかむ準備ができていたからこそ、知り合えたわけです。運はもちろん目には見えません。ですから多くの人は、すぐそばに運が来ていても、それを逃してしまいがちです。

見えない運を見極めるには、準備が必要です。それは先ほど言ったような日々の蓄積です。努力と言うと言い過ぎかもしれませんが、やるべきことをしっかりやり続ける。準備ができていなければ、いくら望んでも然るべき人と関わるチャンスは訪れません。

私が秋元さんと知り合って仕事に参加させてもらい社長に指名されたのは、たまたまそういう準備ができていたからかな？　と思うのです。

のちほど詳しくご紹介する日本テレビ放送網の櫨山裕子《はぜやまひろこ》プロデューサー、古舘伊知郎さんの所属事務所である古舘プロジェクトの佐藤孝《さとうたかし》会長、笠井一二《かさいかずじ》弊社最高顧問、そのほかにもジャニーズ事務所の藤島《ふじしま》ジュリー景子《けいこ》副社長、ドリームインキュベータの山川隆義《やまかわたかよし》社長などの皆様と出会えたのも、その時期に私やオフィスクレッシェンドが、そのような方々とお仕事をさせてもらえるだけの準備ができていたからでしょう。

もうひとつ挙げるとすれば、運を見逃さないように常にしっかりアンテナを立てておくことでしょうか。運を逃さない嗅覚を磨くと言ってもいいでしょう。

運というものは黙っていても転がり込んでくるものだと勘違いしている人が、意外と少なくありません。でも、すぐそばまで運が来ていても、それをつかむ努力をしていなければ、幸運の女神の前髪をつかみ損ねます。日々の準備に加え、目の前に来ている運をつかむための嗅覚を磨き続けることも欠かせません。

最後まで人の話を聞く

もし私に「運」をつかむ資質があるのなら、その理由は、「**最後まで人の話を聞く姿勢**」に尽きると思います。

これは人から言われるまで自分ではまったく自覚していませんでしたが、たしかに人の話を聞くのは好きですし、知りたがりです。そして業界的には、人の話を聞く人間は、友達の少ない人間から信頼されやすいという傾向があります（笑）。

実はテレビ業界でけっこうなポジションの重鎮には、友達の少ない方が多いようです。生き馬の目を抜くこの世界を生きてきた彼らは、他人にあまり心を許さないからかもしれません。

そこにきて私は、いきなりプロデューサーになって、いきなり代表になった、素人根性丸出しの男ですから、誰の話でも聞いてしまうし、すぐ相手を信用してしまいます。悪いところでもありますが、おだてられて育ったせいでお人好しすぎる。駆け引きをしない……というと聞こえがいいですが、要は駆け引きができるだけの能力がないからかも……しれませんね。

オフィスクレッシェンドには、とても優秀なクリエイターが集まっていますが、彼らは良い意味で皆変わっていて、コントロールするのに一苦労です。でも、なぜか私を信用・信頼してくれているようで、社員は皆、不思議がります。

それは、私が会社の代表だからではなく、私が彼らの話をちゃんと最後まで聞いているからでしょう。そうでなければ、たいした現場経験のない人間を信用するはずがありません。一流のクリエイターは、肩書にひれ伏したりなどしないのです。

主君・家康の教え

どんな仕事でも、経験不足は別のことでカバーできる。それが私の信条です。激動のテレビ業界で、経験も、さしたる成功の確信も戦略もないまま24年間やってこられたのは、決して私が有能なテレビマンだったとか、権謀術数に長けた経営者だったからとかではありません。

オフィスクレッシェンドが立ち上がった時、「自分は何もできないし、どっちに進むのが正しいかはわからないけれど、神輿《みこし》の上に乗せてもらった以上、途中で投げ出すことだけはやめよう」と決意し、自分のできることだけをやってきました。おそらく、それは正しかったと思います。

実は長坂家は三河の松平家（後の徳川家）に仕えた直参旗本の血筋で、故郷の岡崎城（愛知県）にはご先祖様（長坂血鑓九郎《ちやりくろう》）の槍、鎧、兜などが展示されています。

私がその末裔にふさわしい……かどうかは置いておいて、主君・家康公の言葉でとても感銘を受けたものがあります。いつでも諳《そら》んじられるほど、昔から折に触れて耳に染み付いている遺訓です。

「人の一生は重荷を負うて遠き道を行くがごとし。急ぐべからず。不自由を常と思えば不足なし。心に望みおこらば困窮したる時を思い出すべし。堪忍は無事長久の基、怒りは敵と思え。勝つことを知りて負くることを知らざれば、害その身にいたる。己を責めて人を責めるな。及ばざるは過ぎたるに勝れり」

意味は、だいたいこんな感じです。

「人の一生は重い荷を背負って長い道を行くようなもの。急いではいけない。不自由が当たり前だとすれば、不満に思うことはないはず。欲望にかられたら、苦しかった時を思い出そう。我慢することで長く平穏でいられる。無用に怒れば平穏は得られな

い。勝利の味ばかり知って敗北の辛酸を知らないのは危険だ。常に自分自身を反省し、他人を責めてはいけない。足りないほうが、やり過ぎより良い結果になる」

オフィスクレッシェンドの代表として24年、私はこの遺訓をずっと自分に言い聞かせてきました。自分の性分にもピッタリ合っているような気がします。

人が仕事をしていく上で、生きていく上で、このことさえ実践できていれば、大きく道を踏み外すことはない。今読み返しても「ああそうだな」としみじみ思います。

別に、家康のように天下取りをしたいという意味ではありませんよ。そこまでの大きな器ではありませんから（笑）。

第二章　三割打者の仕事術

『トリック』はなぜ〝地獄〟だったか

制作会社にとって、連続テレビドラマの制作は最も難しいジャンルです。なぜなら、連続ドラマはだいたい1シリーズで10本作られますが、第1話の撮影時点で10本分の脚本ができ上がっていることなど、ほとんどないからです。

行き先が決まっていないのに、10日間の旅行にかかる費用を前もって見積もることはできませんよね？　それと同じで、作る前にどれくらいのお金がかかるか、皆目わからないのが連続ドラマの恐ろしさです。

プロデューサーは撮影の状況を見ながら、頭のなかは「ここまでで、△△円くらい使っているから、あと□□円くらいしか使えないな。もう大規模なロケはできないぞ……」といった算段でいっぱいです。そんな時に、ものすごく遠方の大規模ロケが必要な脚本が上がってきてしまったら、本当に胃が痛くなります。

しかも連続ドラマは往々にして、視聴率が悪い場合に「方向修正」を余儀なくされます。

　脚本はだいたい3〜4話くらい先のものが先行して書かれているので、暗い作風の第1話で数字がイマイチだと、中盤からがらっと明るいトーンに変えたり、放映してみたら意外に人気が出た脇役の出番を途中から増やしたり、といったテコ入れもしばしば行われます。

　なかでも予算に関わることとしては、やはりロケでしょう。どうにも視聴率が跳ねない場合、物語をダイナミックに展開させるべく、新味のある場所でロケをして視聴者にアテンションを向けてもらうこともあります。

　こうなると、当初予定していたよりずっとお金がかかってしまいます。前もって全話の脚本が完成していれば、別の回に登場する同じシーンをまとめて1回のロケで撮影できたりもするのですが、そんなうまい話はありません。

　一番しんどいのは、設定や出演者が1話や2話ごとに変わる、オムニバス形式のものです。出演者や脚本はもちろん、ロケ場所も美術まわりもその都度しつらえなければならず、前の話で使ったものの流用ができません。したがって、通常の連続ドラマよりずっと予算がかかります。

その意味で『トリック』は地獄でした。基本的に1エピソード2話構成で、エピソードごとに舞台や犯人が変わります。だから、とにかくロケ。第一シリーズでは茨城県や群馬県の山奥にも行きましたし、最終エピソードではなんと宮古島まで行ってしまいました。赤字になって当然です。

監督は「ウインドーショッピング」で品定めされる

ドラマを発注するテレビ局は、できるだけリーズナブルに一定のクオリティのものを作ってもらいたいのでしょうが、一方、作る側、監督としては、なるべくたくさんの予算を使って限界までリッチなシーンを撮りたいと考えます。

クレーンを使ってダイナミックな映像が撮りたい。空撮をしたい。たくさんのエキストラが逃げまどうシーンを撮りたい。カッコいいVFX（ヴィジュアルエフェクツ：映像効果）を使いたい……などなど。

プロデューサーは、そんな監督の願いを全部聞き入れるわけにはいきません。だから予算の制約と監督の希望の間で、いつも板挟みになり、悩みます。時には、なんでそんなワガママを言うのかと、監督を恨むこともあるでしょう。

そんな時、私が大事だと思うのは、監督たちは一体どうしてそんな無茶なことを言うのかを察し、そのうえで彼らの言い分を聞いてあげることだと思うのです。

監督という職業を考えてみてください。彼らは会社に所属しているにせよ、フリーランスにせよ、自分の名前で作品を作り、世に出します。その作品群は、監督自身の力量を直接的に示す通知表のようなものです。彼らは常にそれらを公に晒し、次の仕事を待っています。

仕事を発注する側は、それらが素晴らしい商品なら仕事をお願いしようと思いますし、つまらない商品なら仕事はお願いしないでしょう。発注者たちは、常に監督たちをウインドーショッピングしているようなもの。常に品定めをしているのです。

もちろん、陳列している商品、つまり作品は、常にベストの環境で作られたものとは限りません。十分な予算がなく、監督の思い描いていたシーンが撮れなかった、よんどころない事情で当初の企画から方向性が変わってしまった、避けられないトラブルによって撮影期間が思うように取れなかった——。このようなことは、頻繁に起こります。

しかし、いったん作品として世に出てしまえば、そんな〝事情〟は誰も知るところではありません。予算がなくてクオリティが低い作品になれば、その程度の作品を撮る監督というレッテルが貼られてしまいますし、監督の意向ではコントロールできない部分で話がつまらなくなっていたとしても、「あの監督の作品はつまらない」と言われてしまう。

ウインドーショッピングで品定めされるとは、そういうことなのです。

いったん陳列された商品は監督の手を離れてウインドー内に収まります。あとから「弁解」「ワケアリ」の説明書きをつけることはできないのです。

監督のワガママに耳を傾ける

だから、監督たちは必死です。プロデューサーが渋ろうが、スケジュールが押していようが、会社の利益が削られようが、自らの作り手としての評価に直結することですから、なかなか譲ろうとしません。

監督は単に駄々をこねているわけではない、死活問題だから必死なんだ——そういう気持ちを汲んであげたうえで話を聞き、ギリギリの妥結点を探す。ホイホイ言うことを聞くわけでも、一切聞く耳を持たないわけでもない。

プロデューサーという仕事に限らず、どんな職場にもこういう板挟み状態はあるでしょう。だから、とにかく相手の話を聞く。どうしてそういう主張なのかを、ちゃんと聞く。これが大事だと思います。

とはいえ、オフィスクレッシェンドの監督のなかには一癖も二癖もある怪物がいるので、若手の現場プロデューサーはいつも苦労しています。

「予算がないからできません」と言っても、「できないと言うんだったら、代案を考えてみろよ」と監督に切り返される。もちろん代案を考えて提出するのですが、大体が却下されてしまう。そうして時間だけが過ぎていって、ニッチもサッチもいかなくなると、プロデューサーは私に泣きついてくるわけです。

代表の私としては、企画が破談になっては大変なので、このままいくとこういうマズい状況になるから、別のやり方を考えてほしいと監督に伝えます。監督はその場で「わかりました」と言ってくれる……のですが、あとで現場プロデューサーに「お前、代表にチクりやがったな」とピシャリ。これは、現場における日常風景です。

ちなみに監督たちは、社外プロデューサーの言うことはちゃんと聞いていますよ(笑)。同じオフィスクレッシェンド社内のプロデューサーだからこそ、遠慮なく無茶を言う。ケンカもする。多くのものを求める。

社内プロデューサーとしては大変ですが、でも、そうやってせめぎ合いを重ねてできあがった作品だからこそ、大きな魅力を放つのではないかと、私は思うわけです。

まず自由に発想させる、金の話はその次

放っておけば、湯水のごとく金を使いたがるワガママな監督たち。しかし、企画段階からあまりお金のことばかり釘を刺すと、せっかく才能のある彼らから、良い発想が出てこなくなってしまいます。だから、最初の段階では「お金のことはとりあえず置いておいて、自由に発想してください」というスタンスが正しいと思うのです。

あとあと大ヒットシリーズになった作品のスタートなんて、本当にささやかなもの。会社の小さな会議室で「最近、そういえばさ……」から始まるバカ話が、ひらめきを呼んで、突然形になったりします。

そんな時に、プロデューサーがうるさく「予算が、予算が」なんて言っていては、発想の邪魔になるだけでしょう。

私はクリエイターではないので、彼らのように面白いものを発想する能力はありません。でも、それを生み出す環境を整えることはできる。だからこそ（あとから自分

の首を絞めることになるかもしれないけど）、「自由に発想してください」とリクエストします。

そうこうしているうちに、ドラマならば「あらすじ」のようなものが、おぼろげながら生まれてきます。この、何もないところから形にしていくところに、こたえられない醍醐味があるのです。

ここでようやく、監督とプロデューサーとの共同作業が始まります。プロデューサーが金のことを言い始めるのは、ここからです。

「この内容だとロケにこれくらい費用がかかるから、とうてい予算内に収まりませんよ」「でも、室内にセットを組めば天気に左右されないから、予算が読めますね」などなど。

そして、プロデューサーと監督の胃のキリキリするような丁々発止が繰り広げられます。

監督「このシーンでは、どうしても空撮がしたいんだよね」

プロデューサー「じゃあ、こっちのロケを諦めてください」
監督「イヤだ。それは削れない」
　規模にもよりますが、一度ヘリコプターを使った空撮をやると「ウン百万」の費用がかかります。空撮ショット数十秒、場合によっては数秒のために、その「ウン百万」をかけるのが正しいのかどうか。
　監督としては、どうしても壮大な引きの画《え》が欲しい。でも、おそらくその画がなくても脚本上はつながります。悩ましいところです。
　そして、こんなことになります。
プロデューサー「それだと予算内に収まりませんよ。どうしても空撮したいなら、あなたのギャラから、その分出してくださいよ」
監督「……わかった。ギャラ削っていいから、空撮やらせてよ」

ギャラを削ってでも自分の望む画を撮りたいという監督は、本当にいます。なかには、ＤＶＤの印税も全部会社に計上するので空撮させてほしい、という監督もいました。

ただ、今ではかなりドローンが普及したので、ヘリコプターもクレーンも使うことなく、ダイナミックな映像が撮れるようになりました。費用が段違いに安く済むので、プロデューサーとしては本当にありがたい時代です。

それはともかく、彼らの作品に賭ける執念たるや、凄まじいものがあります。少しでも見栄えのいい作品にするためには、身銭を切ることも辞さない。それは、今後の自分のキャリアに対する投資でもあるのですから、当然と言えば当然かもしれません。

ちなみに邦画１本の製作費は平均して３億から５億といったところですが、堤の『20世紀少年』３部作は一桁違う予算をかけました。一桁違う予算をかけただけの見栄えになっていましたよね。

ところで、オフィスクレッシェンドではドラマや映画だけでなく、ライブやコンサートの撮影やミュージックビデオの制作もしています。

特にライブやコンサート映像は、やり直しのきかない一発勝負。そこでアーティストが見せる表情には、ドラマで演じる役者さんとはまた違った緊張感がみなぎっています。ドラマのような明確な脚本がない分、スタッフの緊張感も相当なものです。

屋外ステージでのライブは、それに加えて天候という心配もあります。

２０１１年に平安神宮で行われた堂本剛さんのソロコンサートは、全３日間の公演中、２日目が台風の影響で中止。撮影予定日が３日目だったのでヒヤヒヤしていたのですが、堂本さんのパワーなのか、平安神宮の霊験なのか、奇跡的に天候が回復して事なきを得ました。監督やスタッフとしては、文字通り祈るような気持ちだったでしょう。

視聴率を０・１％でも上げる努力

ドラマはいったん走り始めてしまうと、大きな方向修正ができません。前述したようにトーンを明るくしようとか、誰それの出番を増やそうとかいった微調整は可能ですが、キャストを変更したり、ストーリーを根本から変えてしまったりすることはできないのです。

そのため、スタートして数字がなかなか伸びないと、プロデューサーは頭を抱えます。

一昔前は、第2話の数字でその後の視聴率の推移がある程度予測できるという定説がありました。第1話は、比較的ご祝儀がわりに見てくれる人も多いので、勝負は第2話、第2話が良ければ最後までいい感じでいけるし、駄目なら……？

ただ、最近はそのセオリーも崩れてきて、2話目で数字が落ちても、また上がることがあります。

とはいえ、数字が低ければ現場の士気も下がります。そういう時のプロデューサーの役割は、みんなの心が折れないようにスタッフを鼓舞すること。

それはそれで大切なことですが、残念なことに、プロデューサーが鼓舞したところで数字が上がるわけではない。なぜなら、どんなスタッフだってプロデューサーに励まされなくても、いいものを作ろうと極限までがんばっているからです。

数字が悪いからといってモチベーションが下がり、ダラダラ適当にやるような人間は、おそらくひとりもいません。クリエイターとは、そんな人種じゃない。誰もがプロとして自分の仕事を全《まっと》うしようとしています。

そりゃあ、数字が良ければ現場の雰囲気も明るくなります。しかし、数字が出ないからといってやる気がなくなるなんてことは絶対にありません。

「数字が悪かったら、次は0・1％でもいいから上げる努力をしていこう」

プロデューサーとしては、そういう気分を現場と共有して、淡々と手を動かすだけです。

数字が出たものがいい作品、出なかったものがダメな作品。それはテレビ業界におけるひとつの考え方でしょう。ただ、記録に残る作品と記憶に残る作品がそれぞれ存在するのも、また事実です。

私たちが手掛けた作品にも、そういうものがあります。

たとえば堤の作品で言えば、２００６年に放映されたドラマ『下北サンデーズ』は思ったような数字が出ませんでしたが、あれは好きでしたと言ってくれる人が大勢いる。映画では同じく堤の『溺れる魚』(01)や『悼む人』(15)なども、大ヒットはしませんでしたが、独特の作風と空気感を好いてくれているファンがちゃんといます。

数字が取れなくてもいいなんて、絶対に言いません。ヒットしたほうがいいに決まっている。ただ、結果が出なくても腐ることはない。考えつくありとあらゆる努力をして、あがいて、「0・1%でも上げよう」と食い下がることが大事だと思うのです。

自分の描くものを信じて、描き続けるのみ

堤は1995年、『金田一少年の事件簿』の演出で一躍、世に知れわたりました。オールロケ、1カメ撮影、クレーンやレールを使った大胆なカメラワーク、それまでのテレビドラマにはなかったスピード感のあるカット割りなどが話題を呼び、若者たちに驚きをもって受け入れられ、革命児としてもてはやされました。

でも、堤は『金田一』でいきなりあの作風を発揮したわけではありません。それま

でに撮ったたくさんのミュージックビデオや映画で、彼はずっと、彼なりのセンス、テイストを曲げずに貫いてきたのです。それがたまたま、『金田一』という作品と出合い、世間に振り向かれたというだけです。

秋元康さんもそうです。ＡＫＢ48でシングル曲の選抜メンバーを決めるために行われる「じゃんけん大会」は、毎年恒例になっている人気企画ですが、じゃんけんの面白さについては、実は秋元さんが昔からずっと言っていたことです。別に、ＡＫＢ48に絡める形で大発明したわけではありません。

真の芸術家には、どうしても描きたい方法、独自の作風というものがあります。誰かから「こうしたほうがいいよ」と言われて簡単にスタイルを変更する人はいません。世間に認められようが認められまいが、自分の描くものを信じて描き続ける。世間に振り向いてもらえなければ、それで終わり。でも、そういう覚悟でやっているからこそ、畏敬《いけい》をもって芸術家と呼ばれる。

私の周りのクリエイターたちを見ていると、そんなことを思うのです。

科学の世界では、昨日まで「非科学的」と言われていた理論が、証明された瞬間から「科学的」だと認められます。「電気」や「原子」の存在、天動説、進化論などは、それが科学的に証明されるまではマユツバでしたよね。

これは昔、藤井フミヤさんに聞いた話ですが、かつて福岡から上京してきたばかりの時と、『ギザギザハートの子守唄』でブレイクしたあとでは、テレビ局の同じディレクターの態度がまるで違ったそうです。

それまで「お前らここね」と大部屋に押し込んでいたディレクターが、売れた瞬間「こちらでございます！」に態度が激変。フミヤさん、ああ、こういう世界なんだな……としみじみ思ったそうです。

世間に変わり者扱いされていた人が、ある日突然、〝先生〟になってしまう。エンターテインメント業界では、そういうことが起こりやすいのかもしれません。

私は以前、クライアントから「ＤＶＤが売れるような作品を作ってください」と言われたことがありますが、そんなものが最初からわかるはずありません。マーケティングでわかるのであれば、言われなくても作っています。我々は信じたものを作り続けるだけ（※のちほど１６９～１７０ページで触れますが、今ではマーケティングの重要性を十分に理解しています。しかし依然、それだけではないとも思っています）。時代のニーズなんて汲まないし、汲めません。ヒットは偶然の産物、結果論なのですから。

結果としての三割バッター

どんな仕事だって、やったことがすべて成功することはありません。私たちで言えば、映画制作はとてもスリリングな仕事です。連続ドラマの場合、数字が出ないと多少の軌道修正はできますが、映画は公開してしまえば最後、手を加えることができません。

前売りチケットがすごく売れているからといって、絶対ヒットするとは限りません。逆に、前売りが全然売れず心配していたのに、公開したら予想以上の結果だったということもあります。

私たちの商売はなんだかギャンブルのようですが、ギャンブルと同じく、いい時もあれば悪い時もある。それを織り込み済みで覚悟して挑まなければなりません。実際のところは、3本やって1本が「それなりの状況」になれば、仕事は継続していけると思っています。

ただ、誤解してほしくないのですが、私は最初から三割バッターを目指しているわけではありません。数を打つという表現が正しいかどうかわかりませんが、とにかく立ち止まらず、次から次へといただいた仕事に全力で取り組む。

私は常に、「十打数十安打」を目指しています。私の好きな野球にたとえるなら、すべての球をフルスイングする。結果として、10本に3本がヒットになる、ということです。頭で計算しながら「これは力入れて、これは多少抜いて、10本に3本くらいの成功に着地かな」などとやっているわけではないのです。ひとしきり試合して、あとでスコアブックを見てみたら、打率が三割だったというだけのこと。

今、テレビ業界はお叱りや失望も含めていろいろと言われていますが、私の知る限り、この仕事をしている人たちのなかで、「これダメなんじゃないかな……」と思いながら仕事をしている人なんて、ひとりもいません。

全打席全球、ホームラン狙いです。それでやっと、打率三割。これ、なかなかいい数字だと思いませんか？

第三章　才能のない私は才人に学ぶ

自力で学ぶ者だけが成長する

以前、桐朋学園芸術短期大学の客員教授として、クリエイターを目指す若い人たちに向けた講座を2年間持ちました。みんな真面目で、私の講義に真剣に耳を傾けてくれたのは嬉しかったのですが、正直なところ、手ごたえのなさを感じることも多々ありました。

座学だけでなく、実際にミニフィルムを制作するという課題を与えたところ、多くの人が「やり方がわからない」と戸惑いの表情を浮かべるのです。どうやってストーリーを組み立てればいいのか？　どんな撮り方をすればいいのか？　逆に、やってはいけないことはなんなのか――？

ストレートには聞かれませんでしたが、そうした具体的なところまで指示がないと実際に動けないようでした。いまの若い人は……などと言うつもりは少しもありませんが、世代が違えばこうも問題解決へのアプローチが異なるのかと、しみじみ思ったものです。

私が講義を行ったのは私立の芸術短大なので、学費を払って勉強しにきている学生は、いわば「お客さん」。細かいところまで手取り足取り教える必要があったのかもしれません。

ですが、課題にどう取り組むかを含めてアイデアを捻《ひね》り出すのが「学ぶ」ということではないでしょうか。大学生でも、レポートの書き方みたいなことは教授からいちいち教えてもらうのではなく、皆さん自力で習得するものでしょう。

社会に出てからも同じです。大手企業に新卒採用で入り、数カ月かけてしっかりとしたＯＪＴ（オン・ザ・ジョブ・トレーニング）を受けられるような人はいいでしょう。しかしそうではなく、なんの研修も受けず、手取り足取り指導してくれる先輩もおらず、自己流で経験値を積み上げていく人だってたくさんいます。

数年経ったのち、どちらが成長しているかと言えば、私は後者だと思うのです。誰に教わるわけでもなく、先輩の仕事ぶりを見よう見まねで取り入れ、その上に自分独自のやり方を加えていくことができる人。そんな人こそ、精神的にも強くなります。

横並びで学ばなかったことが、力となるのです。

仕事のやり方は、こっそり人から盗み、学ぶ。それが、実は私自身のやり方でもありました。

この世界では、誰もが「模倣」からスタートします。現場で先輩たちがやっていることを見て、覚えて、真似する。手取り足取り教えてもらえるような教育システムなんて、ありません。

ピカソの言葉で「優秀な画家は真似をする。偉大な画家は盗む」というのがあります。私の解釈では「盗む」というのは、「ちょっとしたアイデアを参考にして、自分なりのスタイルにする」という意味になります。

これは秋元さんもよくおっしゃることです。それこそ、「先輩の仕事ぶりを見よう見まねで取り入れ、その上に自分独自のやり方を加えていく」ということです。

0から1を生み出すのは、とても難しいことです。そこで、すでにある1を、視点を変えることで1′にしてみる。そのプロセスで1′が化けて、2や3にまで成長し、別のオリジナル作品になることも多々あると思います。

なんの下積みも、たいした現場経験もないまま会社を任された素人の私。仕事術のようなものの大半は、業界の名だたる才人たちから学びました。

そこで本章では、私の仕事人生を左右した社外の業界人について述べていきたいと思います。

人生の師、秋元康さん

すでに何度も登場していますが、最初に秋元さんの名前を挙げないわけにはいきません。

繰り返しになりますが、私のはじめてのプロデュース作品は秋元さんの企画・脚本ですし、そもそもビジネス経験のない私を、オフィスクレッシェンドの代表に据えたのも秋元さんです。当時、代表になったとはいえ、なんの力もない私に仕事を回してくれたのも秋元さんでした。

何を隠そう、本書の出版の話をいただいた時も、最初に秋元さんに相談しました。

「いいんじゃない、やれば」という軽いノリでしたが、「そのタイトルじゃ売れないから、こういうほうがいい」「構成はこうしたほうがいいよ」と、実に真剣に細かくアドバイスをしてくれました。

このように、秋元さんなくして今の私がありえないのは間違いありません。この業界に入るきっかけを作ってくださったのですから。比喩でも建前でもなく、本当に足を向けて寝られないのです。まあその分、散々イジられたり、冷や汗をかかされたりもしていますが……（笑）。

仕事における秋元さんのすごさ、そしてそこから学んだことを挙げていくとキリがありません。このあとも折に触れて紹介していきます。

とにかくいちばん影響を受けた人であるのは間違いありません。

もうひとりの師、古舘プロジェクト・佐藤孝会長

もうひとり、仕事をするうえで多大な影響を受けた人に、古舘伊知郎さんのマネジメントをしている古舘プロジェクトの佐藤孝会長がいます。佐藤会長にお会いして、私の仕事観は劇的に変わりました。

オフィスクレッシェンドが１９９４年に立ち上がった翌年の95年、古舘伊知郎さんが司会を務める『クイズ赤恥青恥』がスタートします。古舘さんや佐藤会長とは番組終了までの８年間、ご一緒させていただき、現在もご指導を仰いでおります。

佐藤会長は、なんと言ったらいいか……とにかくコワい方です。

出会いからして強烈でした。『赤恥青恥』が始まる時、秋元さんから「佐藤会長にご挨拶に行っておいで。失礼のないように」と言われ、早速オフィスに伺うと、そこにいらっしゃったのは、超強面《こわもて》でオールバックの佐藤会長（当時は社長でしたが本書では「佐藤会長」で統一します）。私より10歳ほど年上で、とにかく見た目が怖い。ちょっと間違えるとその筋の方なんじゃないかと思うくらいのビジュアルでした。

ドスの利いた声は迫力満点で、私の呼び方も、最初から「おう、長坂よう」。私も一応、制作会社の代表なのに、初対面でいきなり「おう、長坂よう」とは……。正直、最初は一体なんなんだこの人は、と思いました。

番組が始まると、私はとにかく、いろいろなことで怒られました。烈火のごとくという言い方がピッタリ。しかもビジュアルがビジュアルですから、毎度縮み上がるほど怖いんです。

でも、怒られる内容はいつも決まっていて、私の「報・連・相」がなっていないということに尽きたのです。だからどのカミナリにも一本筋が通っていて、納得できるものでした。それは当時も今も、変わっていません。主張がまったくぶれない人なのです。

当時は私ももう40歳近くで、しかも会社の代表でしたから、年齢的にも立場的にも、周りの誰かから「ばかやろう！」とか「貴様〜」なんて言われることはありませんでした。が、佐藤会長は容赦なく「ばかやろう！」「貴様〜」などと厳しい言葉を放ってきます。

ただ、それは憎しみを込めた「ばかやろう！」や「貴様〜」ではありませんでした。私のことを思って言ってくれているのが、よくわかりました。表現方法はともかく、罵倒ではなく優しさ、フォローアップだったのです。

それまで私の上司と呼べる人は秋元さんだけでした。秋元さんは、良くも悪くもどちらにも振れるようにオールラウンドに構えている人。しかし佐藤会長は対照的で、白か黒をはっきりつける人でした。それまで私が秋元さんからは黙認されていた部分を、佐藤会長に叩き直されたとも言えるでしょう。

私が経営者としての自覚を植え付けられた、佐藤会長の言葉があります。

「お前はボンボン育ちだから、世の中なんとかなると思ってるだろうけど、それは大間違いだぞ。なんとかはならない。秋元や古舘はプレイヤーだからそれでもいい。でも**俺やお前みたいな経営者は、社員やその家族も含めて、たくさんの人間の生活を守んなきゃいけない。それを心得ろ。なるようにはならない。なるようにお前が〝仕向けて〟いかないとダメなんだ**」

素人社長としてダマシダマシやってきた私にとって、この教えは胸に深く突き刺さりました。

「時々刻々、初心忘るべからず、謙虚たれ」

佐藤会長の座右の銘であり、私もときどき引用……というか敬意をもってパクらせてもらっているのが、「時々刻々、初心忘るべからず、謙虚たれ」という言葉です。アタリはものすごく強い佐藤会長ですが、仕事で初心を忘れてはいけない、謙虚でなければいけないということを、常に行動で示されていました。

なぜかというと、古舘プロジェクトというのは、タレントをプロデュース・マネジメントしている会社だからです。ものすごく悪い言い方をあえてするなら、プロダクションは「タレントさんのギャラの何パーセントかを頂戴する」構造で成り立っている。そうである以上、どこまでいっても謙虚でなければならない。それが佐藤会長の信条でした。

これは私も強く心に留めていましたから、『金田一少年の事件簿』を当てても、天狗にならなくて済みました。決して浮き足立たず、ひとつひとつ、次もいいものを作っていこう！　という心持ちでいられたのです。

それとも関連しますが、オフィスクレッシェンドという会社は、設立から今まで、一度もオフィスを移転していません。会社が誕生したのは、品川駅からしばらく歩いた高輪のマンションオフィスの一室。最初は20人足らずでした。途中、手狭になったので、同じマンションのひとつ上のフロアを追加で借りましたが、24年間、同じ場所です。

大きな仕事を手がけても、社員が増えても、もっと都心のもっとカッコいいオフィスに移転する気はありませんでした。カッコつけるより、ひとつひとつ仕事をこなして、謙虚たれ。そういう佐藤会長の教えが、結果的に会社を長続きさせたのだと思います。

スタッフの顔色を見ろ

突然ですが、あなたの会社の上司は、放任タイプですか？　それとも何事も管理・

関与したいタイプでしょうか？

　ホワイトボードをちら見して部下の外出先を確認したり、あなたが離席中、さりげなくパソコン画面やデスクの上を見たりしている上司もいるかもしれません。そうした「パトロール」は、たんに「ウザい上司」だからというのではなく、あえて意図的にそうしているというパフォーマンスかもしれません。

　私はよく収録現場でこの手を使って、みんなの気を引き締めるように心がけています。そしてこれも、私自身が編み出した方法ではなく、人からの教えを取り入れたにすぎません。

　佐藤会長は「**経営者たるもの、朝会社に行って、スタッフの顔を見て、そこで何か気づくくらいの心配りがないとダメだ**」と常々おっしゃっていました。

　これは経営者に限らないと思いますが、現場が気持ちよく仕事をできるような環境を整えるのは、上に立つ者の義務です。特に、若いころから叩き上げで現場経験を積んでいない私のような人間にとっては、なおさらです。

　現場スタッフの前で私にできることなんて、無駄話くらいかもしれません。ときどきスタッフルームに行って、「パトロールに来たぞ。ちゃんとやってる？」「パソコン開いてるけどゲームやっててんじゃない？　変なもの観てたりして？」なんて言いながら、皆の顔を観察します。

最近は忙しくなってしまったので頻度は減ってしまいましたが、以前はかなりやっていました。

頻度が減った今は、土日になるべくロケの現場に行くことで補填しています。平日は時間がなかなか取れないので、土日に数時間ほど。

もちろん、現場はスタッフが仕切っているので私の出る幕なんてありませんが、代表である私の役割は「お前らのこと、ちゃんと見てるぞ」とスタッフに感じてもらうこと。番組制作というのは本当に過酷で、スタッフはいつも限界まで頑張っています。その頑張りを、うちのボスはちゃんと認識してくれているのか？　ここに応えるのは、私の大事な仕事のひとつです。

現場で何もしていなくても、私は〝仕事〟をしているのです。

ほかにも佐藤会長は、部下の動かし方、活かし方を心得ています。

たとえば、部下がポカをした時、ミスをした部下を直接叱るのではなく、まずはその上司なり先輩なりのプロデューサーやアシスタント・プロデューサーを怒ります。もし、ちゃんと文脈が読める人であれば、「自分のせいでこの人が怒られてるんだ」ということに、心を痛めないわけがありません。人はよく「なんで自分がここまで怒られなきゃいけないの」と責任を転嫁してしまうことがあるので、そっちのほうが効果的なのです。佐藤会長は、そこまで計算ずくでした。

いっぽうで、そもそも「身代わりになってくれた上司に申し訳ない」という気持ちになれないような人間は長続きしないので、放っておいても消えていく。結果、まともな人間だけが残るのです。こういうテクニックは、佐藤会長からたくさん学ばせてもらいました。

「相槌を打ち続ける」という技術

ただ、佐藤会長と長くお付き合いさせてもらって、どうしても共有できない価値観がひとつだけありました。それは、佐藤会長はものすごく用心深いということです。

要は、熾烈なビジネスが繰り広げられている芸能界で、タレントや会社を守り、良い作品を作っていくためには、盲目的に人を信用してはダメだということ。厳しい世界でお人好しすぎれば、すぐに付け込まれ、足をすくわれてしまいます。

しかし、私はどれだけ佐藤会長を師と仰いでも、その考えのすべてを受け入れることはできませんでした。私の長所でもあり、短所でもありますが、私は簡単に人を信じてしまう人間です。

佐藤会長と私の考え方が違うのは、当然です。私は、秋元さんの誘いで突然業界に入り、なんの経歴もないのにプロデューサーになって、さらに経営の「け」の字も知らないのに代表になりました。つまり「エセ」です。でも「エセ」なのに、「エセ」

に見えないように頑張らなきゃと思ってやってきました。

「エセ」の自分は何も持っていない。となると、周囲の「エセ」ではない「本物」のスタッフを疑っていては、到底やっていけません。四の五の言わずに信用するしかないのです。佐藤会長や古舘さん、秋元さんといった「本物」の人たちに助けられないと、何もできない人間でした。

それで、佐藤会長と出会って10年経ったころに、思い切って言いました。「会長に憧れて会長のようになりたいと思ったし、ある意味目標にさせてもらいましたが、やっぱり私は会長のようなステージには上がれません。すみません、降参です」と。

すると佐藤会長は、「そこまで気づいたお前は成長したよ。実はおんなじようなことを3カ月前に古舘にも言われたんだ」と言いました。嬉しかったです。

とても用心深い佐藤会長ですが、たいへん不遜ながら……私のことは信用してくれた気がします。

実は私は、佐藤会長と出会ってから数年間、佐藤会長の「お伴」をする生活を続けていました。呼び出されればすぐ馳せ参じてお伴し、帰宅後も電話が来て、さらに何時間も話す。

周囲の人間に言わせると、私は佐藤会長との長電話では、「はい」「へえ」「すごいですね」「そうなんですか」くらいの相槌しか打っていないようですが……。

そんな薄っぺらい言葉だけでいいのかとお思いかもしれませんが、いやいやどうして、相槌は深いのです。必ず話を最後まで聞き、「勉強になりました」という気持ちを表す。こちらからは絶対に話を切らない。これは鉄則です。

相槌とリアクションは、この世界で、否、どんな仕事をするうえでも大切です。別に相手におべっかを使いたいわけではありません。相槌とリアクション次第で、相手から引き出せる情報の量が格段に違ってくるからです。

「すごい、さすがですね」と言えば相手は気持ち良くなり、余計な、そしてとても有用な情報をしゃべってくれることもあります。こちらの反応が薄ければ、そこまで多くは話してくれないでしょう。

ちなみに、古舘さんと話している時、私はずっと笑っています。古舘さんは常に人を楽しませたい人で、真面目な話でも必ず落ちをつけられる本当にすごい人です。こちらが笑っていれば、面白い話をどんどん繰り出してくれるから、私としてはいろんな話が聞けて結果的にありがたいのです。

「お前の存在自体が矛盾だ」

仕事をしていると、日々さまざまな矛盾に直面します。どう考えてもこちらが正しいのに、屈さなければならないこと。悪くないのに謝らなければならないこと。本心を押し殺して従わなければならないこと。仕事には不公平、理不尽がつきものです。

私も、仕事上納得できない仕打ちを受けて、佐藤会長に愚痴をこぼしていました。

「社長、これおかしいですよね。なんでここまでされなきゃいけないんですかね」と。

私も若かったのです。すると佐藤会長は、こう言いました。

「そういう仕打ちを受けたくなかったら、お前が権力の座につくしかない。矛盾を突き詰めても解決にならないぞ。お前の存在自体が矛盾だと思え」

佐藤会長の言葉には色々な意味が含まれていたと思いますが、自分の理解はこうです。

そもそも経験もない「エセ」の私がこの業界にいること自体、大きな矛盾である。それでも仕事は回っている。そのことをまず受け止めるべきだ。そして、矛盾していようがなんだろうが、世の中は動いていて、前に進まざるを得ない。自分に経験がないとか、基盤がないとか、コネクションがないとか、悔いていても始まらない。だから、矛盾なんぞ突き詰める暇があったら、とにかく前に進め——。

子供時代と違って、社会に出れば、正しくなくとも「目をつぶらなくてはいけない」局面がたくさんあります。それらは全部、矛盾の産物。個人ならその矛盾を突き詰めて正義を振りかざすこともいいでしょう。気持ちがいいでしょう。

でも、自分が振りかざした正義によって巻き込まれる人が出てきてしまうなら、やるべきではない。

会社を預かる私は、場面によっては個人的な正義を行使する立場ではありませんから。

日本テレビ放送網・櫨山裕子プロデューサーの熱意

オフィスクレッシェンド草創期のヒット作と言えば『金田一少年の事件簿』ですが、この立役者こそが、日本テレビの敏腕プロデューサー・櫨山裕子氏です。

櫨山さんは、堤が日テレで、あるバラエティ番組のディレクターをやっている時、局のＡＤとして堤に付いていていました。

そして時が経ち、局内でプロデューサーに昇格した櫨山さんのもとで『金田一』ドラマ化の話が持ち上がった時、私の所に来られて、ぜひ堤とやらせてほしいと言ってくださいました。

「堂本剛さんと、ともさかりえさんで、今までのドラマにはない、ミュージックビデオを見ているようなテンポのドラマをやりたい。それができるのは堤さんしかいない、堤さんを貸してほしい」。——そう力説されました。

ところが、問題がふたつありました。

ひとつは、当時の堤は私がプロデューサーをやっていた『クイズ赤恥青恥』のディレクターを務めていて、今ほどではないにしても、オフィスクレッシェンドの看板ディレクターだったこと。その堤を、お世話になっている古舘伊知郎さんの番組から異動するのは、かなり角が立つ話です。

もうひとつは、堤と櫨山さんの関係です。バラエティ番組をやっていた当時は、堤がディレクターで櫨山さんがAD、つまり堤が櫨山さんを従える立場でした。ところが『金田一』をやるとなると、局Pとしての櫨山さんは社外ディレクターの堤を従える立場に逆転します。堤としては非常にやりづらいわけです。

しかし、櫨山さんの熱意にはすごいものがありました。彼女のなかで譲れないものが強固にあったのです。そこで私は、関係各位に事情を説明して納得してもらったうえで、堤を『クイズ赤恥青恥』から外しました。

櫨山さんがすごかったのは、ここからです。

「ルールは破るが、けつはまくらない」

堤は『金田一』の監督をすることを了解してくれましたが、ひとつ条件を出してきました。「自分の世界観を演出するには、自分がいつもお願いしているスタッフじゃないとできない。だから、池田屋のカメラマンを使いたい」

池田屋は映像技術プロダクションの会社です。優秀なカメラマンや音声さんらが多数所属していて、堤はここのスタッフを大変信頼していました。

カメラマンが違うだけでそんなに仕上がりが違うものなのか？　とお思いでしょうか。はい、ものすごく変わります。

かつて堤がある現場で、池田屋のカメラマンと某撮影所付きのカメラマンを同じ作品の同じシーンで起用したことがあります。

Aカメは池田屋のカメラマン、Bカメは撮影所付きのカメラマン。狭い場所でのチャンバラの立ち回りを撮った際、池田屋のカメラマンは立ち回りのなかに入っていって動きながら撮影した一方、撮影所のカメラマンはそんな撮影はやったことがない……というより時代劇にそんな撮り方のセオリーはないということで、匙《さじ》を投げたそうなのですが……。その後、Bカメさんとも話し合って堤の世界観を理解してもらい、この撮影は順調に進みました。

池田屋の社長、池田治道《いけだはるみち》氏は、堤のAD時代すでにバリバリのカメラマンでした。堤は自身はじめてのミュージックビデオを監督する際、池田社長を指名しました。初作品は池田社長にお願いすると決めていたそうなので、念願叶ったわけです。

ただ、堤の演出法があまりにセオリーを外しすぎて、社長としては理解できなかったとのこと。半信半疑で堤の言うままに撮り、つながった作品を見たら、納得。社長は「こいつはただもんじゃない！」と驚愕したそうです。

ちなみに、この時の曲は西城秀樹さんの「ミスティブルー」（1985年）です。西城さんの公式ホームページには「堤幸彦の演出で都内各所と浜松の砂丘まで行って2日がかりで撮影、編集は3日ぶっ続けで行なわれた」と書かれています。

ただ、池田屋が日テレのゴールデンタイムのドラマ制作に入るのは、ものすごい難題でした。なぜなら当時も今も、各テレビ局にはルールがあり、決められた業者以外は入れないことが多いからです。ルールとは、資本関係や様々なつながりのこと。もちろん、日テレにも既存の優秀な技術会社が入っていたので、本来なら堤のリクエストが通るはずはありません。

しかし、櫨山さんはその条件を飲んでくれました。局にかけ合って、池田屋のカメラマンを使えるようにしてくれたのです。異例中の異例です。

『金田一』は土曜日の午後9時というゴールデンタイムに放送されます。日テレにとってては目玉の枠です。ここに突然、局としては新参の平場の技術会社が入ってきた。そんなスタンドプレーを強行してもし視聴率が取れなかったら、櫨山さんの責任問題です。局内の立場も危うくなるでしょう。

しかし櫨山さんは腹をくくり、その甲斐あってドラマは大ヒット。大博打に勝ったのです。

テレビ業界に限ったことではありませんが、「ルールを破る」ことがどれだけ大変か、当時どれだけ日テレ社内の風当たりが強かったか、想像に難くありません。

櫨山さんのこだわりは尋常ではありませんでした。脚本家をホテルに缶詰状態にして執筆させることもしばしばありました。撮影当日の朝に脚本を差し替える、などということも普通にあったそうです。

でも、櫨山さんは、それを行うだけの覚悟を決めていました。「失敗したら私が責任を取る。だから私の言う通りにやって」。まさに豪傑、いや、女傑です。

やや批判的な言い方になってしまいますが、一般的にテレビ局の人たちは、あくまで組織人です。だから、基本的に責任は取りたくないし、失敗した時の保険は打っておきたい。ところが、櫨山さんはまったく違いました。

櫨山さんはその後も現場から離れず、マーケティング的に裏付けされたヒット作をストイックに作り続けています。いわゆる組織人的な出世コースに乗る気は、さらさらなかったのでしょう。

ルールを破る気なら、そのぶん最後まで責任を取る覚悟をするべし。私が櫨山さんから学んだ、大切な心意気です。

秋元さんに対する一度きりの「異議」

再び秋元さんの話です。秋元さんは私の恩人ですし、秋元さんに反旗を翻《ひるがえ》そうなんて気は、一切ありません。ただ、たった一度だけ異議を唱えたことがあります。

1998年にセガが「ドリームキャスト」というゲーム機を発売したことを覚えていらっしゃるでしょうか。あの時、秋元さんがセガの社外取締役に就任されたのです。秋元さんは、当時セガの専務取締役だった湯川英一さんを「湯川専務」として、CMに起用しました。

当時はソニー・コンピュータエンタテインメントのゲーム機「プレイステーション」が、セガのゲーム機「セガサターン」より優勢で、セガは起死回生の新ゲーム機として「ドリームキャスト」を発売したのです。

そこで秋元さんは、セガの劣勢を逆手に取り、CMで子供たちに「セガなんてだっせーよな」「プレステのほうが面白いよな」と言わせて自虐的な笑いを取りつつ、湯川専務のキャラクターを押し出したというわけです。このＣＭは話題になり、湯川専務は一躍有名人となりました。

秋元さんはセガの親会社であるＣＳＫの故・大川功会長と親しかったこともあり、そこでゲームソフトを制作する話が持ち上がりました。そして、もし制作することになった場合、オフィスクレッシェンドも制作に参加してほしいと、秋元さんから言われたのです。

だけど、私は悩みました。悩みに悩み、堤も含めた役員会議を何度も何度も行いました。

私たちの強みは、瞬発力の高さです。短距離はめっぽう強いし、爆発力もある。だけど、持続力に欠ける。長距離は息切れして飽きてしまう人が多くいる会社でした。

１本のゲームソフトの完成までには、３年も４年もかかります。短距離が得意な人間が、ひとつのプロジェクトにそんなに長い間没頭できるとは、到底思えませんでした。

今まで映像制作しかやってこなかった私たちにとって、ゲーム制作は未知の領域です。手がけたことのない新事業ですから、ある種の博打でもあるでしょう。下手を打てば、会社が傾くかもしれません。慎重派の私はそう考えました。

秋元さんに対しては絶対的な恩義があります。当初から秋元さんと一緒にやってきた我々が、秋元さんと心中するのは構いません。でも、新しい社員の未来について、代表の私がちゃんと責任を持てるのかと考えると……。

ここで佐藤会長の言葉が浮かびました。

「俺やお前みたいな経営者は、社員やその家族も含めて、たくさんの人間の生活を守んなきゃいけない。それを心得ろ。なるようにはならない。なるようにお前が〝仕向けて〟いかないとダメなんだ」

私の心は決まりました。オフィスクレッシェンドはゲーム制作に参加しない。

この時はじめて、秋元さんの弟子としてではなく、ひとつの会社を預かる者の責任が、優先されたのです。

謝罪の極意

社会人たるもの、誰でも取引先相手に謝罪の一度や二度、したことがあると思います。私自身、思い出すのも憚《はばか》られる謝罪をたくさんしました。

謝罪がつらいのは、先ほどの「矛盾」「理不尽」ではないですが、明らかに自分が悪いわけではないのに、立場上謝らなくてはならないからです。

また、事情を説明したいのに相手の怒りが激しすぎて釈明を聞いてくれないとか、そもそも誤解に基づくいざこざで、こちらは謝る筋合いすらないのに……ということもあるでしょう。

これも佐藤会長の極意ですが、怒っている相手が拳《こぶし》を振り上げている時にどんな言い訳をしても、相手は絶対に聞いてくれません。まずその拳を収めてもらうことが最優先です。だから、まずは言い訳せず、腹をくくって誠心誠意謝ることです。

私も佐藤会長からよく怒られましたが、佐藤会長はよくこう言っていました。「俺が怒ってる時にお前が変なエクスキューズすると、てめえ何言い訳してんだ、ってことになって、話が別のことに転化しちゃうだろう」と。そうなんです。

まずは拳を収めてもらって、後日、ある程度の時間が経った時に、「あの時はですね……」と説明すればいい。時間が経てば話せる時が来ますし、飛び抜けて非常識な人でなければ、必ずわかってくれます。

私自身、相手に勘違いされて怒られたことは何度もありました。でも、怒っているその瞬間に「あの、勘違いされてますよ」と言っては、火に油を注ぐだけ。まずは事態を収束させることが先決です。「私の説明が拙《つたな》く未熟なために、勘違いさせる状況を作ってしまい、申し訳ございませんでした」とか、なんとか。

自分より多くの座布団の上に鎮座している人が、白いものを「黒だ」と言ったら、とりあえず「はいそうですね」と言っておくべきなのです。もしそこで「いや、白です」と言えば、関係は終わります。

個人が意地で通すなら、それでもいいでしょう。

でも、私のように会社を背負っている身としては、それはやっちゃいけない。ずるいと言えばずるいですが、仕事をするためには、会社を生きながらえさせるには、時には「正しさに目をつぶる」ことも必要なのです。

第四章　変人との人間関係

コントロール不可能、堤幸彦

この章では、どこかおかしい、だけどものすごい才能の持ち主であるオフィスクレッシェンドのメンバー（と元メンバー）についてお話しさせてもらいます。

私は、明らかに「変人」である彼らとの関わりのなかで、たくさんのことを学びました。マネジメントの参考になるかどうかは保証できませんが、いちおう手前味噌ながら、私はある宴席で中田英寿さんの前で、古舘伊知郎さんに「コイツの人心掌握術はスゴいんだよ」と言ってもらったことがあります。ただその後すぐ「だけどバカなんだよね」と付け加えられましたが（笑）。

とにかく、私とメンバーとの間に築かれた一筋縄ではいかない人間関係からは、何かしら得られるものがあるかもしれません。

まずは、盟友とも呼べる堤幸彦です。堤とは、彼がＳＯＬＤ ＯＵＴのメンバーとして秋元さんと一緒にLAに来た時に知り合いました。

とにかく面白い人だというのが、第一印象でした。秋元さんに負けず劣らず頭の回転が早くて、いろいろなことを勉強しているから、雑学の知識量も半端じゃない。

一部にはよく知られていますが、堤は若いころから思想的にはゴリゴリの「左寄り」で、法政大学に在学中は先輩たちにくっついて学生運動に熱を上げていました。そのためか、人生観や意思が明確で、決してぶれない軸がある。

だからといって、頭カチカチかというと、そうでもない。口を開けば本当に面白いのです。年は2つ上とそんなに違わないし、私と同じ愛知県出身ということもあって、すぐ親しくなりました。

ただ困ったことに、私にとっての監督・堤幸彦は、全くもってコントロール不可能な存在でした。

ＳＯＬＤ　ＯＵＴは秋元さんが社長だったこともあり、事務方よりはクリエイターのほうがずっと立場が強い会社でした。そこに、業界経験のない私が、素人丸出しの平プロデューサーとして入社したわけです。過酷な現場で叩き上げてきた堤が、私の言うことなんて聞くわけがありません。

ＳＯＬＤ ＯＵＴ時代、私は堤が監督を務めるミュージックビデオのプロデュースを何十本かやりましたが、堤からありとあらゆる無茶なリクエストをされました。どこそこで撮影したい、何々を手配したい――。

それをいちいち聞いていたらお金がいくらあっても足りません。でも、なかなか言うことを聞いてくれないのです。

私は仕事を始めてそんなに時間も経っていなかったので、ろくなコネクションもない。相当、辛い思いをさせられたのを覚えています。

だから、オフィスクレッシェンド設立にあたり、一番悩んだのが、堤との人間関係でした。ＳＯＬＤ ＯＵＴでは平社員だった私が代表になって、堤が取締役になる。指揮命令系統という意味では、立場が逆転するわけです。秋元さんに「お前が社長をやれ」と言われた時、一番不安だったのは、そこでした。

案の定、当初は堤の無茶ブリはなくなりませんでしたが、冒頭で書いた『トリック』の大赤字――本当に会社が傾くほどの大赤字――を経て、段々と取締役として経営のことを気にするようになってくれて……『トリック』ＤＶＤの監督印税を会社に譲渡してくれたのは、前述の通りです。

べったりしない

一度、ホテルの一室で堤と怒鳴り合いの大喧嘩をしたことがあります。

ある作品のことで、堤がワガママが高じて本当にバカな……自暴自棄のようなことを口走り始めたのです。

私はほとほと嫌気が差し、こんなことは本当に言いたくないし、普通に接しているほうがずっと楽だけど、あなたのためにあえて言いますよと前置きして、大声で諫《いさ》めました。そして、腹をくってこう言いました。

「私だって、立場で物を言わなきゃいけない時がある。でも、それで納得がいかないんだったら、もう関係を解消しましょう」

すると、堤は主張を引っ込め、私の言うことに納得してくれました。決別は免れたのです。ホテルの部屋を出たあとは、お互いこのことは蒸し返しませんでした。お互い、怒鳴り合いになるなんて、思ってもみなかったでしょう。でも、あとになって思えば、言うべきことを正面切って言えたことで、以前にも増して堤と強い関係になれたと思います。

堤との付き合いで、もうひとつわかったことがあります。長期にわたって同じメンバーで一緒に働くには、「べったりしない」ことが大切だということです。親密だからこそ、適度な距離感を保つ。必要な時だけ関わる。ただ、関わるとなれば濃く、深く。それこそ、言うべき時は正面切って言う。

私がそれを実践しているから……だと信じたいのですが、実はオフィスクレッシェンドの役員構成は、設立当初から変わっていません。これは、私が大いに自慢できる、胸を張って世間に誇れることでもあります。

「言うべきことは正面切って言う。ただし、べったりはしない」

オフィスクレッシェンドは、こうして生き残ってきました。

“ミニ堤”を脱した大根仁

『モテキ』や『バクマン。』で知られる大根仁はもともと、堤が非常勤講師をやっていた東放学園という映像専門学校の学生でした。

そこで大根の作った自主制作のPVが「堤賞」を獲ったのですが、副賞が「受賞者の自費でニューヨークへ招待」だったのです。「自費」──なんのことはない、「渡航費を負担するなら来てもいいよ」というだけのことです。ひどい話ですね（笑）。

なぜニューヨークかと言えば、秋元さんがミュージカル制作のために作ったSOLD OUTの支社がニューヨークにあったから。これが1988年ころのことでした。

帰国後、大根はしばらくの間、堤が演出する作品のADをやっていました。その後監督として自立してからも、『トリック』をはじめとした堤が監督するドラマで、何本かを演出する時期が続きました。

ただ、大根は明らかにその状況に満足していませんでした。これは私の推測ですが、大根はある時期に、「このままでは、結局〝ミニ堤〟になってしまう」と気づいたのだと思います。東放学園で大根の才能を見出したのはたしかに堤ですが、堤が作り上げる唯一無二の強烈な世界観を、小器用になぞるだけの監督になってしまってはいけない。そんな危機感を抱いたはずです。

大根は、自分独自の世界観とは一体何かと悩み、試行錯誤し、やがてサブカルチャーという方向性を見出しました。

それが特に色濃く現れているのが、深夜帯で大根の名を知らしめた『週刊真木よう子』（２００８）や『湯けむりスナイパー』（09）や『モテキ』（10）、そして映画『モテキ』（11）や『バクマン。』（15）や『DENKI GROOVE THE MOVIE? ～石野卓球とピエール瀧～』（15）や『ＳＣＯＯＰ！』（16）などです。

特に『モテキ』の実現は、大根が深夜帯でいくつかの作品を手がけている時、意図的にサブカル系の人脈を着々と作っていったことが大きいと思います。そのなかで原作者の久保ミツロウさんとも接点を持ち、その後久保さんの元に電通から映像化の打診があった際には、久保さんから大根を監督として指名してもらいました。

『DENKI GROOVE THE MOVIE?』は、音楽好きである大根渾身のドキュメンタリーです。日本を代表するテクノユニット・電気グルーヴの25年間を記録映像とインタビューで振り返る内容で、こだわり抜いた構成・編集・選曲にオールドファンも納得の仕上がり。年末に期間限定の上映、公開規模もそれほど大きくありませんでしたが、大きな話題になりました。

大根はある時期、飛躍的に成長しました。その要因はいくつもあると思いますが、私が真っ先にあげたいのは、ジャニーズ事務所の若いメンバーたちが舞台演目の映像化に挑戦したワンシチュエーションの深夜ドラマ『演技者。』（２００２～04）と『劇団演技者。』（04～06）です。大根はその総合演出を担当していました。

『演技者。』『劇団演技者。』は30分枠×４話、つまり４週でひとつのエピソードが完結します。ところが、ジャニーズのタレントが多忙ということもあって、なんと４話を２日間で撮影しなければなりませんでした。

これは、通常のドラマ撮影スケジュールからすると相当にタイト。かなり綿密に撮影スケジュールを組み、現場をテンポよく回していかないと、撮りきれません。しかし、大根はそれを、足かけ5年間にもわたってやり遂げたのです。

傍若無人、しかし一念を通す

大根は自分でどんどん企画を出す監督ですが、脚本も自分で書くので、作品づくりにものすごく時間がかかります。いわば完璧主義で、仕事は細かいところまできっちりこなすタイプ。『バクマン。』も、原作コミックを映画としてどう構成するかに悩み、2年以上かけて脚本を20稿以上も重ねました。

原作は全20巻と長大ですから、すべてのエピソードを丹念に映像化することは不可能です。どこを切り取り、何をはしょるのか。実写映画として成立するよう、キャラクター造形をどう変えるのか、変えないのか。絶対的な正解はおそらくありません。大根は最後の最後まで、こだわり抜きました。

大根にとって、『モテキ』から『バクマン。』までは、４年ほどの時間が空いています。その間、いくつか小規模な作品は手がけたものの、４年は結構な長さです。ここには、キャリアのなかで初の映画作品だった『モテキ』が大ヒットしただけに、次回作にも大きな期待がかかっていたことが、多分に影響しているでしょう。

大根としては、なんとしても観客に納得してもらうものを作らなければという思いが強く、念には念を入れて、慎重に準備して挑んだのです。持ち前の繊細さと臆病さは、ここに現れました。

ただ、やはり脚本に時間をかけすぎているのは、会社としてはよろしくない。何度か「お前も取締役だし、時間のかけすぎはダメ」と指示しました。

といっても、強要して言うことを聞くような奴ではないし、やっぱりどこまで行っても大根を信じたかったので、うるさく言うのはいいところで止めておいて、あとは待ちました。腹をくくって待つのも、私の立派な仕事なのです。

先ほど「べったりしない」という話をしましたが、大根とは堤以上に意識的に距離を取っていることで、うまくやっています。理由は、勘としかいいようがないのですが……もしかすると、お互い相性があまり良くないのかもしれませんね、冗談ですけど（笑）。

頑固な監督・平川雄一朗

平川雄一朗は、助監督経験のほとんどない堤や大根と違い、下積みで基礎の基礎からみっちり仕込まれているので、オフィスクレッシェンドのなかでは一番スタンダードなものを撮れる監督です。

平川の作品には突出したクセがないので、幅広い年齢層、幅広い嗜好の人に好まれます。ゴールデンタイムに放映された『ROOKIES』（2008）、『JIN－仁－』（09、11）、『天皇の料理番』（15）、『A LIFE～愛しき人～』（17）などが多くの視聴者の支持を得たのは、それを如実に表しています。

ただ、作風はスタンダードですが、平川自身はとてつもなく頑固。そういうふうにはあまり見えないし、本人も見せてはいないですが、現場の緊張感はすごい。良い意味でピリピリしているというか、時折荒れることもあるようです。

ちなみに堤の現場は対照的で、ものすごくアットホーム。それは堤が現場のすべてを見渡して気を配っているからです。一方、平川は職人的に自分の世界に入り込むので、それがある種の緊張感を生んでいる。大根は堤と平川の中間くらいです。

ただ誤解してほしくないのですが、どの監督が正解でどの監督が間違っているということではありません。それぞれの現場の雰囲気作りが監督の思い通りにうまくいっていれば、それで良いのです。

頑固な監督はさぞ扱いづらいだろうと思うでしょう。ところが世の中うまくしたもので、平川の才能にいち早く着目して演出家としての一歩を踏み出させてくれたのが、TBSテレビの石丸彰彦《いしまるあきひこ》プロデューサー。平川が最初に脚光を浴びた『白夜行』(06)から、『ROOKIES』『JIN－仁－』『天皇の料理番』は、石丸さんと平川のタッグ作品です。

監督とプロデューサーの相性

有能だけどクセのある人間を仕事でうまく使いたい時、どうするのが良いか。それは、相性のいいパートナーをマッチングすることです。

堤には前出の日テレ・櫨山プロデューサーや、『ケイゾク』や『SPEC』のTBSテレビ・植田博樹プロデューサー。大根には『モテキ』や『バクマン。』の東宝・川村元気プロデューサー。平川には石丸プロデューサー。まったく違うタイプの監督に、まったく違うタイプのプロデューサーが、奇跡的にハマり、傑作が生まれてきました。

櫨山さんは台本を当日の朝に差し替えるような方ですし、植田さんはご自分で脚本も書かれるような方。おふたりともプロデューサーとしてはかなり異彩を放っていますが、堤のコントロールは抜群にうまい。そして堤の世界観を想定して脚本を作られます。

大根が『バクマン。』で20稿以上も改稿して脚本を練り上げていけたのは、川村さんが粘り強く付き合ってくれたからです。ふたりの妥協なきやり取りなくして、あの高い完成度には到達できなかったと思います。

石丸さんにはご自分のなかで絶対的に具現化したい世界観があるので、石丸さんのビジョンを職人的に映像として作り上げる平川のような監督は、ベストマッチというわけです。

彼らに限らず、監督といいプロデューサーをマッチングできた時は、ヒット作が生まれる確率が高い。私の今までの経験から、そう言えます。もちろん、パートナーは見つけようと思って簡単に見つけられるわけではありませんが。

とにかく、いいものを生み出すのも、才能を引き出すのも、結局は人と人なのです。

「降りてもいい」と腹をくくる

仕事が人と人で成り立っている以上、監督とプロデューサーの相性が悪くてうまくいかないことは、しばしばあります。そんな時はまず話を聞く。仕事でつらい時、家族や友人に愚痴を言って同意してもらうだけで、幾分か楽になることがありますよね。そのうえで、状況をしっかりリサーチする。プロデューサーが無茶を言っている時もあれば、監督がワガママを言っている時もあります。どちらが悪いということではなく、ただただ性格が合わないということもあります。

かつて、ある監督と外部の某プロデューサーがうまくいかなかった時、私はその監督に「どうしてもというなら、降りてもいい」とまで伝えて、会社として腹をくくったことがありました。結果的にその監督は降りずにやり遂げてくれましたが、会社の代表である私がそこまでの覚悟を見せたことで、幾分かの救いになったのではと思います。

これはオフィスクレッシェンドに限らず、どんな会社にも言える「会社と社員との信頼関係」です。社員はプロジェクト遂行に向けて必死に働く。その代わり、会社はその社員が窮地に陥った時、腹をくくって守る。社員の代わりに会社として頭を下げることも辞さない——。

監督たちにはどうしても譲れないものがある。それは理解しています。ただ、ビジネスではいつもそれが通るわけじゃない。その矛盾を吸い込むのが会社であり、私の仕事だと思っています。それがささやかながら社員からの信頼を生み、24年間も会社を継続させてきた秘訣ではないかと思うのです。

「お前の存在自体が矛盾だと思え」

佐藤会長の言葉がここでも胸に染みます。

まじめな変人、岩崎夏海

２００９年に、著書『もし高校野球の女子マネージャーがドラッカーの「マネジメント」を読んだら』が２００万部以上の大ベストセラーとなった岩崎夏海も、かつてはオフィスクレッシェンドのメンバーとして放送作家をしていました。

岩崎はＳＯＬＤ ＯＵＴ時代からのメンバーだったのですが、後年秋元さんの事務所に移り、秋元さんまわりの仕事をするようになりました。これはＡＫＢ48立ち上げの時期とも重なります。

岩崎は「まじめな変人」です。地頭がとても良くて、分析も鋭い。だけど、とにかく不器用で、組織で立ち回るのがとても下手な男でした。だからこそ、秋元さんが個人的に面倒を見ることにしたのかもしれません。

また、ものすごく自信家で、諸先輩方の前でも自説を絶対に曲げませんでした。『クイズ赤恥青恥』の番組会議に参加していた時も、プロデューサーでもない末端の作家のくせにとやかく意見しますから、先輩作家としては面白くない。変わり者好きの古舘さんには面白がられていましたが、オフィスクレッシェンドの社内では、はっきり浮いていました。

当時、私は何人もの社員から「あんな奴、クビにしてください。いらないです」と言われました。穏やかではありませんが、放置するわけにもいかないので、岩崎を呼んで話をします。すると「わかります」と返っては来るのですが、当時にして二十数年間かけて培った彼の人間性ですから、そう簡単には変わらない。秋元さんのもとに移るまで、社内での軋轢《あつれき》は続きました。

岩崎は問題児でしたが、私は彼をクビにする気にはなれませんでした。「私だけは岩崎がいずれ化けると見込んでいたから」と言えばカッコいい話ですが、実際に彼を使っていたのは現場のスタッフなので、そんなこと、私にはわかりません。

ただ、なんとなく……せっかく縁があってうちに来ているのだし、お互い好きな野球の話をすると楽しかったし、ダメな奴ほど可愛いという心理もあるし、お父さんが筑波大学の元助教授で、岩崎自身は東京芸術大学卒というバックグラウンドも面白かった。だから、あまり理屈が通ってはいないのですが、社員の岩崎に対する不満は、私の権力で押さえつけて、いてもらうことにしました（笑）。

『もしドラ』は100万部売れる」発言は嘘⁉

岩崎が秋元さんのところを辞めたという話を聞いてからは、野垂れ死んでるんじゃないかと心配していたので、『もしドラ』が大ヒットしたと聞いた時にはすごく嬉しかったです。

出版直前に岩崎が訪ねてきた時のことは、よく覚えています。ある日電話がかかってきて、「代表、お元気ですか。実は今、別の会社にいるんですが、本を出すことになりまして。お持ちしたいんですが」と。それで、久しぶりに会社の会議室でふたりきりで話しました。

長坂「今、どうなの？　まともに暮らしてんの？」
岩崎「いやあ、いま年収１００万円くらいしかないんですよね」
長坂「で、その本売れるのかよ？」
岩崎「売れるといいなと思ってます」

まったくもって、自信なさげでした。だから本に「長坂さんへ」とサインしてくれたんですが、私は「これ価値あるのかよ」なんて、冗談交じりに憎まれ口を叩いたり。ところが、皆さんご存知のように、『もしドラ』は社会現象になるほど大ヒット。岩崎は一躍〝大先生〟になって、各所へ引っ張りだこになりました。

出版後しばらくしてから、私が客員教授として教鞭をとっていた桐朋学園芸術短期大学に、岩崎をゲストで呼んだことがあります。そのなかで、私は「執筆時に手応えはあったんですか?」と聞きました。すると、岩崎の口から信じられない答えが。

岩崎「はい。100万部はいくと思っていました」

学生の手前、私はそれまで敬語で話していたのに、びっくりしていきなり上から目線で、

長坂「嘘つくなお前！　そんなこと言ってなかったじゃねえか、この野郎！」

岩崎はほかのいろいろなインタビューでも「出版社の人にはそんなに売れないと言われたけど、自分は最初から売れると思っていた」と言っていたようですが、オフィスクレッシェンドの会議室での会話はぜんぜん違っていたことを、ここで暴露してお

きます。

正解はひとつではない

池田屋の池田社長は岩崎のオフィスクレッシェンド時代、彼のことを面白がり、よくイジって（≒かわいがって）いました。社長はＰＬ学園出身で野球をやっていた方なので、野球好きの岩崎とも話が合ったのでしょう。そういうこともあって、『もしドラ』が売れてから、岩崎が社長と私を食事に招待したいと言ってくれたのです。

ダブルミリオン作家ですから、一体どんなすごいレストランに招待してくれるんだろう……と思いきや、某ホテル内の普通の中華料理屋でした。しかも、その場には私と社長だけではなく、出版社をはじめとした関係者が何人もいるではありませんか。

一瞬、「なんだよ、俺と社長に対する感謝の招待じゃなかったのかよ」なんて思いましたが、岩崎は自分が「先生、先生」と呼ばれている姿を、私たちに見せたかったんでしょう。それまでは、岩崎の言うことなんて誰も聞きませんでしたから。

そんな彼の言うことに、誰もが「なるほど、そうですね」と耳を傾けている。池田社長と、「なんでしょうねえ、この構図。世の中変わりましたね」と、笑って顔を見合わせました。

長々と岩崎の話をしたのには理由があります。岩崎のケースは、「**物事の正解はひとつではない**」ことを見事に証明しているからです。

当時の岩崎を「使えない奴」と切り捨てるのは簡単ですし、ある職場ではそれが適切な措置なのかもしれません。ただ、岩崎はのちに出版社の編集者にその才能を認められ、世に出て評価されました。

このように、手元の物差しをあてても大したことなかったけど、別の物差しをあてたらすごかった……ということはよくあります。正解はひとつではない、ということです。

実は、監督も同じです。ひとりひとりの監督の演出スタイルは違いますが、どれが正解ということはない。仮に同じ脚本のドラマを10人の監督に撮らせれば、10通りのものができあがる。それを１００人の観客に見せて投票させれば、多数決で順位をつけることはできます。ただ、そこで票を一番取ったものだけを「正解」とするのは、明らかに間違っていますよね。

原作をアレンジした『バクマン。』の脚本にたったひとつの「正解」はありません。私たちが何かの作品をプロデュースする方法もそうです。「これをやっておけばＯＫ」みたいな決まった方法があるわけではない。

ひとつの「正解」なんてない。大切なのは、あとで悔いが残らないようにやるということだけ。その結果、岩崎のケースみたいに、何かのきっかけでチャンスをものにしたり、火がついたりということがあるのです。

人にしろ作品にしろ、自分の物差しだけをあてがって、この程度かと決めつけるのは、無責任です。別の物差しをあてたら、実はすごいのかもしれない。放送業界ではなく出版業界で成功した岩崎を見ていると、そう感じます。

スタートが遅れても焦るな

岩崎もそうですが、仕事には向き不向きというものは確実にあります。不向きの場所で、いつまでも食い下がっていても時間のムダです。それなら早いとこ鞍替えして、向いている場所で活躍するほうがいい。

会社でも、往々にしてありますよね。営業の最前線では成績優秀だったのに、管理職の事務仕事になった途端、精彩を欠いてしまう社員がいる。職種の向き不向きというやつです。

かくいう堤はAD時代、まったくできないダメADだったそうです。できるADは、「このディレクターは次に何を求めているか、何を準備しておけばいいか」を、言われなくても先回りして考えられますが、堤はそれが苦手だったようです。でも、ディレクター職になって撮らせてみたら、実に面白いものを撮る。

これはディレクターとADの職位上の上下ということではなく、単にAD職は向いていなかったけど、ディレクター職には向いていたというだけ。逆に、ＡＤとしては優秀だけど、撮らせたらまったくダメ、という人間もいます。

野球界にも、「名選手、名監督にあらず」という言葉があります。試合での実力と指導力はまったくの別物であるという意味ですね。

長嶋茂雄さんの神がかったバッティングを、彼に理論で説明してくださいと言っても、たぶん凡人は理解できないでしょう。「ボールが来たらね、パーンって打つんだよ」なんて（笑）。

なかには落合博満さんのように、選手としても監督としても超一級の人もいますが、そういう天才は一握り。私たち凡人は、たぶん世の中にひとつかふたつはある「向いている場所」を見つけるべきなのです。岩崎で言うところの、出版業界のように。

向き不向きは、他人ではなく自分で決めなければなりません。向いていないと思ったら周囲が引き止めても道を変えるべきですし、向いていると確信したら他人がどうこう言おうと、自分の道を進めばいい。なぜなら、誰かがあなたに「お前、向いてないよ」と言い放つ時、その言葉にはまったく責任がないからです。

自分が何に向いているか、自分の身の丈は、必ず自分の物差しで測りましょう。無責任な他人の品定めに、耳を傾ける必要はありません。どこまでいっても、自己判断でしかないのです。

私のいる業界で言うなら、役者さんがまさにそう。なかなか芽が出なければ、周囲は平気で「この先どうなの？」とか「ちゃんと生活できる職業についたほうがいいんじゃない？」と言います。売れる前の役者さんと言えば、定職につけませんから貧乏がデフォルトですし、努力したからといって食える保証もありません。売れるかどうかは神のみぞ知る世界です。

でも、確率は低いにしても、のちにブレイクした役者さんもいます。女優の吉田羊《よう》さんは、良い例じゃないでしょうか。１９９０年代から長く小劇場の舞台を踏み、テレビでも地道に活動を続けていたところ、２００８年に中井貴一さんが見出したことをきっかけに、どんどん活躍されていったと聞いています。

先ほど、監督の演出スタイルに正解はないと書きました。同様に生き方にも正解はありません。ほんの一瞬の出会いがきっかけで、人生が大きく変わることもある。

実は、役者を目指している人から、「もうあきらめたほうがいいですかね」といった相談を受けることもあります。でも、簡単にあきらめろとは言えない。他人の人生の責任は取れないのです。

役者さんを例に取れば、時代が変わり、環境が変わったという事情もあります。

いま、映像メディアは映画や地上波テレビだけではありません。ＷＯＷＯＷのような有料放送もあれば、Ｎｅｔｆｌｉｘ、Ｈｕｌｕ、Ａｍａｚｏｎといった有料ネット放送もある。それぞれが独自のコンテンツを作り始めているので、間口は確実に広がっているのです。

このようにチャンスが広がっているので、なおさらあきらめろとは言えない。先ほど書いたように、やはりどこまでも自己判断でしかない。年を取っているから、役者を始めたのが遅いから、ということもありません。

就職や転職が思ったようにいかなくて、本当にやりたい仕事のスタートが、最初からその業界にいる人に何年か後れを取ったとしても、気後れする必要は一切ありません。悔いのないよう、まじめにやっていれば必要な技術は習得されますし、慣れていきます。

そもそも私自身、ほかのテレビマンのようなまともな経験も積まないままこの世界に入りましたが、今でもなんとかやっていけています。安心してください。

スペシャル対談

長坂信人（オフィスクレッシェンド代表取締役／CEO）

×

堤　幸彦（演出家・映画監督／オフィスクレッシェンド取締役）

堤　幸彦（つつみゆきひこ）

一九五五年生まれ。愛知県出身。演出家・映画監督。オフィスクレッシェンド取締役。『金田一少年の事件簿』『ケイゾク』『池袋ウエストゲートパーク』『ＴＲＩＣＫ』『ＳＰＥＣ～警視庁公安部公安第五課　未詳事件特別対策係事件簿～』『20世紀少年』『明日の記憶』『イニシエーション・ラブ』『天空の蜂』など、テレビドラマ、映画を通じて多数のヒット作、話題作を持つ。『ＳＰＥＣサーガ完結篇「ＳＩＣＫＳ’　恕乃抄」～内閣情報調査室特務事項専従係事件簿～』が、２０１８年４月スタートの動画配信サービス「Ｐａｒａｖｉ（パラビ）」のオリジナルコンテンツ第一弾として配信。

飯島愛のPVで自衛隊に掛け合う

長坂　本格的に一緒に仕事をしたのは、僕がニューヨークから帰ってきてからですが、プロデューサーとしての僕をどう見ていましたか？

堤　私がこの業界で仕事を始めたのが1980年代初頭。ニューヨークから帰国した時点で、もう10年以上の経験がありました。10年くらい業界にいると、態度が図々しくなっちゃうわけですよ。秋元さんと組んで一緒にやってるというのもあるし。40歳以上の人間は信用しねえぞ、みたいな(笑)。

ある種の俺イズムなんですが、これって仕事の経験や力量が拮抗している人たちの間のせめぎ合いによって起きるんです。ところが、いきなりやってきた代表は、なんの経験もないし、日本の業界の実情もわかってない。まるで素人。それで良くも悪くも「素人の強さ」みたいなものに対して、私は呆れながらも面白がったわけですよ。自分が天狗の時期にね。その最たるエピソードが、故・飯島愛さんのプロモーションビデオだと思います。

長坂　飯島さんがメジャー展開を始めたくらいの時に出た曲ですね。

堤　当時、代表にはエイベックスで懇意にしているプロデューサーがいて、なぜか私が引き受ける羽目になりました。その時代表から「監督、なにかアイデアは？」って言われたんで、ダメ元で「自衛隊の隊員が戦車の分解掃除をしている前で、飯島さんが尻を出して歌うのがいいんじゃないか」って提案したんですよ。正直、どんなもんだろうと試したんですけどね。

長坂　試されてたんですか（笑）。

堤　そうしたら、「わかりました」って言い残して会議室を出て行って、戻ってきたら「今、防衛庁にアポ取れたんで、行ってきます」。当時乃木坂にあった防衛庁までその日のうちに行って、夕方戻ってきて、「ＯＫです」だって。その時はじめて、この人すごいなって思いました。普通だったら、「無理です。冗談じゃない」って一蹴されるに決まってますから。

長坂　無理も何も、監督がそう言ってるんだから、しょうがないじゃないですか……。

堤　撮影の事情や業界の通例なんてまったく知らない、素人の強さですよ。10年以上やってると、こっちで勝手に自主規制したり、どうせダメだろうという常識に凝り固まっちゃう。それを突破する人材が久々に現れた！　という衝撃が走りました。

長坂　予算もなかったところを、駐屯地での撮影を許可していただけたりと、自衛隊とタイアップができたので助かりました。調子の出てきた監督が「飯島さんをTバックで戦車に乗せたい」「非番の隊員さんを集めることはできますか？」など、いろいろ追加のお願いをしていると、最終的には自衛隊員が200人くらい集まってきてくれましたね（笑）。

三河的経営術

長坂　当時は監督が上司でしたし、よく怒られました。でも30歳を超えると人はあまり人から怒られなくなるから、幸運だったと思います。監督はとにかく発想が突拍子もない。でも、それを自分で一個一個仕込んでいくことで、仕事ってこうやってやるんだと学ばせてもらいました。

堤　最初は撮影の段取りなど、私はつまらないことで目くじら立てていました。代表、よく土下座してたもんね。

長坂　土下座は現場時代ではなく、むしろ代表に就任してからです（笑）。

堤　やっぱりどこかで、同郷の人間（愛知県）という安心感もあるんですよ。面と向かって言うのも変ですけど、ちょっと兄弟みたいな感じというか。

長坂　僕は代表を任された時、監督との関係性に悩みましたけどね。経験の浅い僕が代表で、監督が取締役ですから。

堤　長坂という人間に対する見方がいちばん変わったのは、やっぱりそこですよ。当時は相当なアゲインストというか、ひどい逆風の環境のなかで代表に「させられた」というのが正直なところだから。でも、蓋を開けてみれば適材適所でした。私はあんまりお金のことを考えないし、監督と言っても芸術監督じゃなくて商業監督しかできない。代表は逆に言うと社長しかできない。

冷たく思われるかもしれないけれど、私は現場に貢献するかしないかでしか、人を判断しない。貢献しない人間は1メートル以内に近づかせない。反対に代表は、絶対に人を見捨てません。

長坂　現場での仕事は時間もタイトで体力的にも厳しいので、監督が現場への貢献度で判断するのは仕方がないでしょう。

堤　私たちは秒単位で生きていますからね。1秒でも2秒でも早く現場に行って、作品を作り上げることが大事。スピードに対応できる人間しか周りにいられません。代表は対極で、ぜったい人間を見捨てないから、みんなが相談に行くんです。ダメなことをして失敗した人間には徹底的に、人間性が破壊されるまで罵倒もしますけど。でもクビにした人間はいないですよね。

長坂　限界を感じて辞めてしまう人はいますけど、僕から「明日から来るな」とは言いません。

堤　人間味というか、驚くべき粘り強さがあるなと。本来、経営は合理性が重要だから、合理性の究極といったら私なんですけど、それだと絶対、会社が長続きしませんからね。

長坂　たしかに真反対です。

堤　これはちょっと強引な見立てなんですけど、同じ愛知県でも私は名古屋、つまり尾張育ち。代表は岡崎、つまり三河育ち。名古屋ってどこかドライでずるいんだけど、三河はしぶといというか、ねちっこい。ねちっこいのは嫌いだけど、人を育てるのには向いてると思います。

長坂　僕は中学から名古屋ですけど、たしかに岡崎と名古屋はぜんぜん違っていて驚きました。

堤　あとは金銭感覚。三河人はケチですよ。代表で言うと、自分のことにはケチじゃないけど、会社のことにはケチ。でも、大阪的なドケチではない。

長坂　ケチにも違いがあるんですか。

堤　何に対してのケチがいちばん嫌かって、作品づくりに対してケチなことですよ。勝つためには金がいるという発想を軽視してほしくない。そこへいくと代表は微妙なバランス感覚を持っていて、ケチなんだけど、こちらの心情はなんとなくわかってくれている。自分の手綱を握られているという感覚なんです。それが三河的ケチ。

長坂　監督の要望には、いつもうちのプロデューサーが苦しめられてますけどね（笑）。

堤　他社のプロデューサーは両極端で、「1億〜2億の赤字が出ても、勝つためには仕方ない」という人もいるし、「1円も出さないよ。欲しいんだったらどこかから金を稼いでこい」みたいな人もいる。でも代表は、その間のちょうどいいところにいる。いわば三河的経営法。

そういう意味で代表は、コンサバな三河と、当時はアバンギャルドだった名古屋のハイブリッド、もっと言えば、コンサバな三河と世界の最先端ロサンゼルスのハイブリッドなわけです。いずれも東京を経由していないのがポイント。東京なんてどうでもいいんでしょ？　私もそうですけど、全部ダメになったら名古屋で会社やればいいじゃない。

長坂　オフィスクレッシェンドを立ち上げる時、監督から「ダメになったら、ふたりで〝中京映像社〟って会社を作ればいいじゃん」って言ってもらったこと、いまだに忘れてないですよ。

頑固さが続編につながる⁉

堤　『トリック』の第一シリーズが大赤字となり、私もＤＶＤの印税を譲渡したし、普通だったら「ああ損した」で終わるところ、代表はなんとパート2をやるという決断をしました。これには驚かされましたが、経営者としての頑固さを感じましたね。人も作品も、簡単にはあきらめない。

長坂　第一シリーズの赤字は３０００万円くらい。これは自分のチェックが甘かったせいでもあるので、途中で放り投げるわけにいかないという気持ちも強くありました。後には引けなくて。

堤　普通はギブアップするところです。それなのに、ご実家の駐車場を担保にコツコツお金を借りて、「もう一回やりましょう」と。この頑固さには頭が下がります。

長坂　すごく可能性を秘めている作品だと思いましたし、原作のないオリジナル企画だし……。だから実家に頭下げて資金繰りしました。結局シリーズ全体で十数年も続いたんだからすごいですよ。

堤　第一シリーズが大赤字だったから、じゃあ第二シリーズで「1本あたり300万円の利益を残せ」といったような至上命令を出したかというと、そうではなかった。まあ、もちろんそういう精神はありますが、結局毎回勝負をかけさせてくれたってことですよ。演出的に多くのお金が必要であれば、ぐっと耐えてくれましたよね。オフィスクレッシェンドの作るドラマの半分くらいが続編につながるのは、こうした経営哲学が大いに影響していると思います。『トリック』は結果として成功したから良かったし美談になりますけど、失敗していたら今ごろうらぶれて、地元テレビ局の下請けをやってると思います。

同業者の「デスノート」に名前を書かれる人、書かれない人

堤　代表を見ていると、いわゆる業界のビッグボスにこんなに可愛がられる人はいないんじゃないかと思うんです。各社のエースプロデューサーのお歴々、大手テレビ局

の上層部、芸能事務所。「長坂を信用できない、もう二度と付き合いたくない」って人は見たことがありません。

この業界って、見栄を張ったり、喧嘩して強くなるみたいなところが少なからずありますけど、代表には一切ない。私なんか喧嘩が絶えない人が周りに大勢いて、デスノートに何人も名前を書いてます（笑）。代表はきっと、誰のデスノートにも名前を書かれていないでしょう。

長坂　そうですね。むしろ喜々としてイジられます。

堤　この業界の人って、喧嘩する戦闘的なタイプか、悲観主義者か、天狗かというところですけど、そのどこにも入らない。窮地に陥っても「本当に困った、もうダメだ、死んじゃおうかな」ってふうにはならないでしょう。来週の月曜日に３０００万円が決済されるという時に金がなかったら、普通は逃げます。でも代表はなんとかしてしまう。

長坂　周囲に「こいつダメだからなんとか助けてやんなきゃ」って思っていただいているのかも。

堤　それは、いいとこ10年でしょ。会社ができて20年以上経ちますけど、今もって代表が絶大な信用を得ているのは、業界のキーマンに対して絶対に裏切らないような仕事を続けているからじゃないですかね。私なんかはすぐしびれを切らして、こっちの仕事もいいけど、こっちもおいしいからやりましょうって言っちゃうんだけど。代表は「それは会社的にどうですかね」と止める。その義理堅さは非常に素晴らしい。

長坂　監督にそういう部分はないんですか？

堤　全然ない。私にとっては、お金をくれる人が、いい人（笑）。もちろん、ジョークですよ。

作り手は数字とどう向き合うか

長坂　作品には、視聴率とか興行収入とかＤＶＤの売上といった数字の評価と、いわゆる作品評みたいなものがあって、監督としては常にそうした現実に晒されているわけですが。

堤　評判はすごく気にしていますよ。どちらかと言えば、ヒットすればするほどボロクソです。『20世紀少年』とか『ＢＥＣＫ』とか。自分では頑張って、商業的には合格点取れたし、ああ良かった、みんな観に来てくれた、視聴率も取れたっていう時でも、批判は大きい。

長坂　気になって当然です。でも、１００人いて１００人がいいと言う作品なんて絶対あり得ないから、気にしすぎないほうがいいですよ。

堤　どんなに制作期間が短くても、自分のベストを徹底的に追求します。だから、そのうえで言われてしまえば、それが私の限界点だったと戒めます。ただ、商業的に成功した作品に関しては、一歩も引きません。

長坂　映画なら、興収15億円くらいが「成功」のひとつの目安です。たとえ内容を批判されても、そこを超えれば胸を張って「成功」と言える。ただ、堤作品はいつも賛否が分かれますよね。

堤　ええ。好きな人と嫌いな人がはっきり分かれて、大体の人に賞賛されるという作品はありませんね。私がプロデューサーに対してサービスしているからかもしれません。

長坂　サービス？　プロデューサーが望んでいることを徹底的に追求した結果だということですか。

堤　どんなに敏腕であっても、プロデューサーだって人間です。彼・彼女に対するサービスを徹底的にやれば、必然的に内容は偏ります。たとえば、『ケイゾク』のプロデューサーはTBSの植田博樹さんですが、TBSの社員をびっくりさせたいという彼の意図を徹底的に追求した結果、あの作品に仕上がりました。結果、多くの支持者が生まれた一方で、テレビドラマをダメにしたんじゃないかという批判が多かったのも事実です。

長坂　数字は魔物ですよね。僕は、視聴率に一喜一憂することに疑問を持ったこともありましたけど、現実としては受け止めないと。数字がついてこないけど良い作品というのも、いっぱいあるわけで。僕は監督の映画『さよならニッポン！　南の島の独立宣言』（1995）の試写を観て大泣きしたし、ドラマ『愛なんていらねえよ、夏』（2002）の第1話を観た時もすごいと思いました。でも、いい数字は出なかった。

『下北サンデーズ』に関しては、1話分短縮されて打ち切りの憂き目に遭いましたよね。

少し聞きづらいんですが、手がけた作品がコケた時の心境はどんな感じでしょう。

堤　そりゃあ落ち込みます。映画の『悼む人』（2015）にしても、全体重、全人生かけたといってもいいくらい賭けたのに、大コケに近かった。原作の天童荒太先生にお願いして、まずは舞台をやって、映画企画の言いだしっぺになり、何度も苦労して編集して、最後は天童先生とふたりきりで試写で観てぼろ泣きして、満を持して公開したら全然お客さんが入らない。2〜3日は落ち込みました。

長坂　でも、たった2〜3日で立ち直った。

堤　そこでつかんだものは今後の自分の人生にとって非常に意義深いものでした。今までとは違うカメラマンと組んだり、脚本や原作としっかり向き合ったりしたし、違う人が演出したみたいだとも言われたから、ある種の戦略的な勝利ではありますよ。それを心に刻んで次にいくわけです。

長坂　僕も、昔は数字が悪いと本当に青くなっていました。でも、ある時点からふっきれたんです。ひとつの作品ですべてが終わってしまうわけではないし、ここまでの蓄積があるんだから、即「オフィスクレッシェンドはダメ」とはならないだろうと。

堤　あとですね、日本映画は、だいたい3億〜4億円の製作費で作られています。でも、「さあ20億ありますよ」って言われた場合に、いつも以上の働きぶりができるかと言えば、自信がないです。

長坂　予算と頑張り度は比例しない。

堤　そうそう。300万の仕事でも3億の仕事でも20億の仕事でも、モチベーション的にはほとんど変わらない。だから巨額の予算を目の前に用意されたら、逆に困ってしまいます（笑）。

監督vs.プロデューサーから見える仕事論

長坂　監督とプロデューサーの衝突は、現場において日常茶飯事です。監督の立場からすると、どのような点で意見が食い違うのでしょうか。

堤　以前、撮影期間が1カ月という作品があったのですが、その期間中に大きなクレーンカメラを1週間使いたいとプロデューサーにリクエストしたことがありました。だけど、「すみません、これ高いんで3日に縮められませんか」って言ってくるわけです。でも、すぐに「ああいいよ」とは言いません。引き下がるのは簡単ですが、「3日しか無理」という根拠がなければ安易に納得しちゃいけないと思うんです。だから、見積もりを見せろと。

長坂　見積もりなんて出ないですよね。

堤　出るわけがないのを知って言うんですよ。そうするとね、「わかりました。でも1週間は難しいので、5日だったらどうでしょう」と。

長坂　譲歩してきましたね。

堤　「いいですか、撮影というのはすべからくね、前向きな意欲のうえに成り立つんだと。始まる前から出鼻をくじかれるようなことをして、どの監督が君についていくんだ?・」と。

長坂　だんだん精神論で追い込む。

堤　これは条件闘争なんですよ。私だって素人じゃないですから。1週間だと言うには理由があります。でも、3日と言われて鵜呑みにするのは悔しいから、せめて1日足して4日。あるいは4日半にしたいという本音がある。大事なのは、そこに至るまでにどのくらい監督とプロデューサーの間で切磋琢磨できるかということなんです。

そこまでわかって仕掛けてくるプロデューサーは本物でしょうけれど、ほとんどいません。本音を言えば、クレーンがあろうがなかろうがどちらでもいいんです。あればよりいい画が撮れるけれど、なければないで代わりの見せ方はいくらでも考えられます。ただ、映像の最先端をつかさどる制作会社に属する者として、こういう監督を論破する方法論を持った気概のあるプロデューサーが出てきてくれると嬉しいのですが……。

長坂　その結果、困り果てたプロデューサーが僕に泣きついてくるんです。それで僕から監督に「大変申し訳ないんですけど」って話をすると、ようやくそこで折れてくれる。でもそのプロデューサーは、僕に告げ口したことを監督から責められるんです。

堤　「ダメって言われました」と代表にチクるのは簡単じゃないですか。その段階で彼は信用できない。それだったら、私が直接代表と話をすればいいだけのことでしょう。

長坂　じゃあ、監督にとってプロデューサーの本分ってなんでしょう?

堤　第一にサービス業、第二に話術。それだけです。もしかしたら監督業も同じかもしれない。

発注者と、その先の視聴者が満足するものを作る。監督の映像技術なんて、正直みんな大差ないんです。誰に対してサービスをするのかさえ明確であれば、仕事としては長続きします。クライアントをクリアして、その先にいる視聴者をクリアしなきゃいけない。そのためには、まずプロデューサーをクリアしなきゃいけない。だからこその条件闘争なわけです。

長坂　頭ではわかっていても、仕事をするうえで、どうしても相性ってありますよね。

堤　それが第一ですよ。

長坂　こういうのはどうですか。現場にAというスタッフとBというスタッフがいて、Aは監督と相性も良くてコミュニケーションも取りやすいけれど、能力はそこそこ。

Bはものすごく能力が高いんだけど、性格的に破綻している。一緒に仕事したいのは？

堤　Aでしょう。才能より人格。というか、才能はある程度までいくと誰でも同じレベルですし、ものすごい才能のあるやつは、そもそも僕の下には来ないです。

長坂　それは同意見です。

堤　本気で才能のあるやつは、ひとりで勝手にやっていきますからね。大根仁がまさにそうです。最初は僕のチームのADでしたが、天才的才能を持っていたから、ある時点からは自分でやり始めた。平川雄一朗もそう。逆に、そうしてもらわないと困ります。私を利用して生きていこうというのも、ひとつの人格です。

俺を見本にするな

長坂　監督の若いころ、給料が月3万円だった時代もありましたよね。

堤　朝ご飯にパンを用意したら、朝からパンなんか食えるかよって目の前で先輩スタッフに踏まれたりね。経済的にはまったく安定しない世界ですよ。でも、才能とコミュニケーション力があれば、20代で月収１００万円、２００万円が夢じゃないというのも、いまだに真実です。

長坂　まだチャンスは転がっていると。

堤　若者に向けて偉そうなことを言うなら、ゲーム業界にしてもＣＧにしても、チャンスがまだまだある。そのためには、自分は何を面白いと思うかを認識して、それをとにかく考え続けることでしょう。私はデビューしたばかりのサザンオールスターズを見た時に、ロックをこんなふうに明るい表現として解釈できるのなら、この業界も悪くないなって思いました。アンテナを張っていれば、意外と近くにそういう人がいますからね。

長坂　今現在の、作り手としての意識を聞かせてもらっていいですか。

堤　正直、一言で言うと何も成し遂げていないですよ。現状の自分の実力と表現力でもってやっている仕事は、サザンや秋元さんを見た時に面白い世界だなって思ったイメージに、まだ至っていません。だから、そこに到達するまでは、やめられない。成し遂げる前に命が尽きちゃうと思いますけど。

長坂　でも監督の作ったものを見て、なんらかの衝撃や未来を見た子たちもいるのでは。

堤　堤に合わせたラインで作った仕事には、彼らの未来なんてないですよ。

長坂　なぜですか。

堤　自分自身がそうだったからです。私は先輩の仕事で評価しているものもあるし、尊敬する人もたくさんいますけど、「目標」とは違う。あまりにも近いところに目標があって、そこに近づけたことで満足してしまうなら、それはクリエイティブとは呼べないでしょう。

長坂　そもそも正解がひとつではない世界ですからね。同じ脚本でも、10人いれば10通りのものができる。映像が未成熟っていうのは、言い換えればどこまでいっても「これが正解」と言い切れるものはないってことじゃないですか。

堤　まあでも、この先のことを考えると、自分は、10年後はいないな。70歳じゃ監督業はできないですからね。

長坂　70歳でも監督業をやられている方は、山ほどいらっしゃいますよ。

堤　いますけど……私が尊敬する監督の平均寿命を出してみたところ、60・8歳だった。

長坂　（対談時点で）あと数カ月しかないですね（笑）。

堤　だから急遽、黒澤明監督を足してみたところ、70代になって一安心。

長坂　くだらない（笑）。

堤　ともかく70歳になるまでには、70代をどう生きるかを見つけたいですね。つまりあと10年で。監督人生も、残りあと数年かな。もう1回美大に入って、美術史を勉強してキュレーターになりたいという思いはあります。

長坂　勉強熱心ですね。

堤　本当は私たちふたりにとって、会社が死ぬまでのゆりかごになってほしいと思うけど、ハリウッドじゃあるまいし、そんなうまい話はそうそうない。だから老後をどう生きていこうかというのがだんだん視野に入ってきました。どうなんですか。会社、存続するんですか？

長坂　わかりません。何の保証もない業界ですからね。身の丈を超えるようなことは性格的にできませんし。ただ、いくつかチャンスを与えてもらっているので、新しく今までと違うことも、少々……。

堤　やるんですね。はじめて聞きました。俺、役員なのに。みんな忙しくて役員会がないからなあ、この会社。

長坂　役員会は不定期でやっていますよね。

堤　そんないい加減だと、そのうち代表の解任動議が提出されますよ。セブン＆アイとか大塚家具みたいに。

長坂　僕、喜んで解任されます（笑）。

第五章　「井の中の蛙《かわず》」で24年

最高顧問、笠井一二さん

最後となるこの章では、ビジネスというものについて、もう少し俯瞰した私の考えを述べましょう。……とはいえ素人社長の私ですから、やっぱり教えを請うた人物がいます。元フジテレビの敏腕プロデューサーで、現在はオフィスクレッシェンドの最高顧問である笠井一二さんです。

笠井さんが企画・演出されていた『夕やけニャンニャン』は1985年から87年の平日夕方5時に毎日生放送されていたバラエティ番組。斬新で危ない企画の数々が当時の若者たちに大受けし、大きな話題を振りまきました。

番組発の女性アイドルユニット「おニャン子クラブ」はもちろんのこと、すでに人気が出始めていたとんねるずも、この番組で全国区の大ブレイクを果たしました。おニャン子クラブには、現在も活躍中の国生さゆりさん、渡辺満里奈さん、工藤静香さんらが在籍しており、AKB48の「原型」とも言われています。

笠井さんは『夕やけニャンニャン』の前身とも言える深夜番組『オールナイトフジ』からチーフディレクターとして参加されており、秋元さんはもちろん、当時のSOLD OUTの作家たちも多数お世話になっていました。私たちにとってはとにかく頭が上がらない存在です。当時のフジテレビの「我が世の春」というか、イケイケ感も手伝って、気軽に挨拶もできないくらいのオーラが漂っていたのを覚えています。

笠井さんはフジテレビを退社後、プロデューサーとして独立され、ソニーミュージック、アンティノスレコードなどでエリアコードドラマ（地方局のエリア限定で制作されたドラマ）を400本制作されました。また、藤井フミヤさんのプロデュースとマネジメントも手がけられました。

笠井さんの人物像を説明するのに手っ取り早いのが、同い年である古舘プロジェクトの佐藤会長と真逆であるということ。佐藤会長はとてもアナログな方で、携帯電話などのガジェットは、全部秘書の方がセッティングするほどですが、笠井さんはとにかく新しもの好き。パソコンやインターネットなど、新製品・新技術が登場するごとに飛びつかれます。

また、笠井さんはたいへんせっかちなので、打ち合わせは要点だけを話してすぐに終わり。30分もあれば十分です。

一方で共通しているのは、古舘伊知郎さん、藤井フミヤさんという、畑は違うけどそれぞれ超一流のアーティストを「コントロールしているように見せないで、コントロールする」手腕です。

そして、おふたりとも、ものすごくはっきりと物を言われます。

笠井さんは２０１３年、オフィスクレッシェンドの最高顧問に就任されました。「最高顧問」なんて、ずいぶんと大仰な肩書ですよね。これは別に私や会社が決めたわけではなく、笠井さんが自ら宣言したようなもの。うちに来ていただくことになった際、笠井さんが副社長の福冨薫《ふくとみかおる》に電話したのです。

笠井さん「さっき長坂と話して、名刺作れって言われたから作って」

福冨「肩書はどうされます?」

笠井さん「長坂が最高顧問でいいって言うから、最高顧問で」

私は肩書のことなんて、一言も言ってないのですが……。

とにかく、近づきがたかったフジテレビ時代には考えられなかったようなそのお茶目さに、私は驚きました。

さらに、当時ではあり得ないこんなエピソードも。

とある会食後、笠井さんから「時間あるだろ、一杯付き合え」と言われ、恵比寿にある高級ホテルのバーへ。

すると、

笠井さん「長坂さあ、お前と俺が長くて良い付き合いができてるのって、俺がお前に上から物を言わないからだよなあ」

いやいやいやいや、あなたのその言い方が、すでに上から物を言ってるじゃないですか

（笑）。私は喉元まで、「じゃあ笠井ちゃんって呼んでいいですか？」と出かかっていました。

正当な利益を追求しろ

そんな笠井さんの言葉で印象深いのは、「正当な利益を得られるような仕組みを作らないと、会社がもたない」でした。

何を当たり前な、と思われるかもしれませんが、仕事においては実に難しい問題です。何度もお話ししているように、湯水のように予算を使いたがる監督たちと日々仕事をしていると、気を抜けば予算が膨れ上がっていきます。

たしかに彼らの主張も一理あります。お金をかければいい画が撮れる。すると作品が良くなる。評価も上がり、数字や興行収入にもつながる（かもしれない）。良い物ができるのは、魅力だし、面白い。

ただ、それを全部認めてしまうと、ビジネスとして回らない。「オンビジネス」なんだから、本質を忘れてはいけないのです。

このことは、テレビ番組の制作に限ったことではありません。どんな仕事でも、お金や時間を潤沢にかければ、それに比例してクオリティの高い物ができます。同じ作業でもたくさん時間をかければ精度は上がりますし、高級な素材とたっぷりの時間を使えば、贅沢な料理ができるでしょう。

でも、それでは仕事として回らない。毎日毎日高級食材を使っていたら、家計が破綻しますからね。「構想10年、ロケ5年」などと謳う『ＮＨＫスペシャル』なんかには、物量の面においては絶対にかないません。予算は限られていて、覆すことはできないのです。

笠井さんがフジテレビに在籍していた時代、特に１９８０年代のテレビ業界は、現在に比べると信じられないほど番組制作にお金を使えました。メディアとしてのテレビにものすごく力があり、スポンサーもたっぷり入っていました。80年代後半はバブル景気まっさかり。文字通り、お金をじゃぶじゃぶ使えたのです。贅沢な時代です。

当時のフジテレビは本当に強気で、広告代理店がスポンサー付きで潤沢な制作予算が付いている番組企画を持ってきても、平気で「紐付きの企画は結構です」と、はねのけていたそうです。

今なら喜んで飛びつく話ですが、当時はテレビ局が胸を張って「自分たちが納得したものしか作りたくない」と宣言できたのでしょう。

そんな時期に時代を象徴する番組を華々しく担当してきた笠井さんが、現在口にする「正当な利益を得られるような仕組みを作れ」は、とてつもなく重いわけです。フジテレビを退職して、プロデューサーとして独立されて以降のさまざまなご経験——ぶっちゃけて言うと、ネットに押され気味のテレビ業界の状況——が、こんな言葉を引き出したのかもしれません。

ケチると、もっと大事なものを失う

本書の冒頭で、「制作会社の通常の利益率は、請け負った予算の10パーセントから

15パーセントくらい」と書きました。仮に1億円で請け負った仕事なら、利益は１０００万から１５００万円。ここから管理費や会社の運営費を支払うわけです。何度も言いますが、利益率は本当に低いんです。

じゃあ1億円で請けて５０００万円で作ればいいじゃないか、と思われるかもしれませんね。そうすれば50パーセントの利益、５０００万円が手元に残ります。それだったらどんなに楽でしょう。

でも、制作費を５０００万円にディスカウントした作品の見た目は、ディスカウント品でしかなく、確実に安っぽく見えてしまいます。低予算でも、工夫によって安っぽく見せない方法はありますが、だったらギリギリまで使って、最大限工夫すべきでしょう。

安っぽいものを作り、それを視聴者が目にした時、発注者であるテレビ局は、視聴者は、いったい何を思うでしょうか？　テレビ局は次の仕事を発注してくれませんし、視聴者は離れていきます。利益に目がくらんでケチると、より多くのものを失う。それを考えると、５０００万円で作ることはできません。

笠井さんの言う「正当な利益」と、私たちが目指す「安っぽくない作品」。そのぎりぎりの拮抗点が、利益率10〜15パーセントなのです。利益は高すぎても、低すぎてもいけません。適正範囲が大事なのです。

ただ、理屈ではそうでも、なかなかそのパーセンテージを死守できないこともあります。だから私の仕事としては、作品をまたぎ、会社全体としてパーセンテージを維持することだと思っています。

たとえば、連ドラの先に映画化が控えているなら、ドラマ放映時点で利益が薄くても、映画も含めたトータルで10〜15パーセントを確保する場合があります。

また、Aという作品の予算がどうしても膨れ上がった場合、Bという作品の予算をちょっと緊縮することで、会社全体の帳尻を合わせようかな、と考えたりもします。

……なんてことを言うと、Bの監督が「俺の作品ばっかりシメやがって」と怒り出すので、ここで具体的な作品名を挙げるのはやめておきましょう。

今は作れない番組がある

30年近くテレビ業界に身を置いている者として、少しだけ襟を正してテレビ業界のことについて書きます。

現在、テレビ番組の制作費は決して潤沢ではありません。その大きな要因は、かつてほど広告スポンサーがつかなくなったことですが、もっと大きな問題は制作費そのもののことではなく、昨今のテレビが「社会的責任」や「世論」をかつてないほどに意識せざるを得ない、という点ではないでしょうか。一言で言えば、ヤンチャがしにくい時代なのです。

元来クリエイターと呼ばれる人たちは、特殊な妄想や経験を元にした創造力で勝負しています。しかし今は、単純に「コンプライアンス」という言葉だけでは片付けられないほどの制約によって、彼らの奔放さは制限されてしまっているのです。

私が子供のころは、大人たちから「テレビは見るな。バカになる」と言われてきました。要は、「子供が見ちゃダメ」と言われるくらい、大人が楽しんでいたということ。酒やタバコと同じです。

しかし、公共空間での喫煙場所がどんどんなくなっていったのと同じく、「見るとバカになるテレビ」は社会から許容されなくなっていきました。

誤解してほしくはないのですが、「だから昔は良かった」とか「ルールを守る必要がない」と言っているわけではありません。ただ事実として、あまり縛ってしまうと発想は確実に狭くなってしまうということです。逆に言えば、十数年前のテレビには、そういうダークサイドというか後ろ暗さというか、良くも悪くも「子供が見るとバカになる」劇薬のような成分が含まれていました。

もともとテレビは危ない劇薬でした。だから私は、今、一般視聴者の方が「テレビでこう言ってたよ」と、あたかもテレビが一定の〝正しさ〟を持っている前提で語っているのを聞くと、微妙な気持ちになります。

オフィスクレッシェンドが撮っているものに嘘はありませんが、演出はされています。それをわかったうえで、作り手の創造力を味わってほしい。全部を〝正しいもの〟として真に受けられちゃうと、どうなのかなあ……とモヤモヤするのです。

時代が変わっても「軸」は変わらない

ただ、昔のテレビ業界と今のテレビ業界では、単純な比較ができません。１９９０年代から２０００年くらいのテレビ業界内でよく言われていたのは、「企画が世間の〝一歩先〟まで行っちゃうと視聴者がついてこられないから、〝半歩先〟くらいの企画がいい」でした。そこに作り手独自のセンスを加味し、「これが、俺たちの考えるカッコいいものだ！」と視聴者を煽っていたのです。

しかしネット社会である現在は、視聴者が持っている情報のほうが、作り手がものを作り上げるスピードよりずっと早く、ネットで飛び交う情報がマスメディアより一歩前に出てしまっています。

だからその先、〝一歩半〟くらい前に行かないと面白がってもらえませんし、もっと言えばその〝一歩半〟はマーケティングに裏打ちされた方向性でなければなりません。作り手が自己満足的に吠える「これがカッコいい！」は往々にして受け入れられないからです。

マーケティング用語で言うと、プロダクトアウト（作り手がいいと思ったものを作り、売る）からマーケットイン（消費者が望むものを先にリサーチしてから作る）へ、テレビ番組の作り方は大きく変わりました。

ただ、コンプライアンスによって創造力が縛られるという状況下、マーケティング重視の番組作りが行き過ぎると、制作者たちはいろいろな意味での「保険」をかけて、当たり障《さわ》りのないものを作ってしまいがちです。その結果、今のテレビ業界には新しい発想のものが、あまり出てこない。

でも、私は別に悲観しているわけではありません。

たとえば『ＳＰＥＣ』は、その10年以上前の『ケイゾク』と世界観がつながっていますが、かつて『ケイゾク』を好きだった方が、『ＳＰＥＣ』から見始めた若い方と、番組を通じて話が盛り上がったりします。

また、『池袋ウエストゲートパーク』（２０００）を好きだった方々が、『ＳＰＥＣ』を面白がってくれることもあります。

堤は『ケイゾク』のころも『池袋ウエストゲートパーク』のころも『ＳＰＥＣ』のころも、そして今も、創作スタンスの「軸」がぶれていません。だから、時代や世代を超えてファンをつくり、引き寄せるのです。

ジャニーズだってそうだと思います。私たちが子供のころに聴いていたジャニーズのアイドルグループ、フォーリーブス（北公次、青山孝史、江木俊夫、おりも政夫／１９６７年から78年まで活動）の曲と、今の嵐の曲は、どことなく「ジャニーズの歌っぽさ」で共通している。

半歩先だろうが一歩先だろうが、視聴者の世代が違おうが、面白いものの根本、「軸」はそれほど変わらないと思うのです。

これは単なる懐古主義ではなく、普遍的なエッセンスの部分は変えずに、パッケージ、見せ方を変えて楽しませればいいということです。10年前の流行物であれば中途半端に古臭いですが、30年経てば1周して「新しく」なります。

秋元さんの場合、それにビジネス面での発想を加えてきます。秋元さんは、おニャン子クラブをはじめ、アイドルの企画をいくつも立案、プロデュースされてきました。それが、秋葉原の劇場を拠点に、テレビ放映ではなく、自分たちでコントロールできるライブを活動主体とするＡＫＢ48に結実したわけです。

激変するメディア

見せ方の新しさということで言うなら、私たちはテレビや映画館以外でも番組が見られる今の状況は追い風と捉えています。数年前から、携帯電話やＹｏｕＴｕｂｅで見られるネット配信ドラマを制作していますし、最近のＮｅｔｆｌｉｘ、Ｈｕｌｕ、Ａｍａｚｏｎといった有力発信先の存在はとても意識しています。

何よりクリエイターにとってテレビや映画館以外の発表先があるというのは大きなチャンスで、私としても大歓迎。ドラマ『世界一難しい恋』も全話Ｈｕｌｕで配信されました。

配信オリジナル作品の場合、テレビと違って1クール（3カ月分）単位で放映しなければならないとか、尺（番組の長さ）の縛りがない場合もあるので、自由な形式で作ることができます。これはクリエイターの発想を促す際、大いなるプラス要素だと思います。

また、ネット配信、たとえばスマホで動画を見る視聴者は、テレビの視聴者よりずっと若くて10代、20代が中心。となると、当然その世代向けの企画を考えます。

誤解を恐れず言うなら、これからは「有名な演者ありき」ではなく「面白い企画ありき」の時代、まず企画の良し悪しを判断し、そのうえで企画に沿ったキャスティングを行う。

たとえ有名でない役者さんが主演でも、企画が面白ければ跳ねる番組もあるのではと考えています。おそらく視聴者が若ければ若いほど、「企画が面白ければ見る」嗜好が強いのではないでしょうか。ネット発のヒットコンテンツには、明らかにその傾向が見て取れます。

もちろん、必然性があれば、そこに有名な役者さんを起用してもかまいません。というか、面白い企画に有名な演者が組み合わされれば、さらに数字は跳ねるかもしれません。

アメリカのＴＶドラマ界では日本よりずっと前に、そのパラダイムシフトが起こりました。

私がＬＡにいた１９８０年代、アメリカではＴＶドラマの地位は低いものでした。〝ムービースター〟である映画俳優とＴＶドラマ俳優との間にははっきりと格の違いがあり、たとえばシルベスター・スタローンがＴＶドラマに出演することなど、絶対にあり得なかったのです。

ところが２０００年を過ぎるころから、『24 -TWENTY FOUR-』『ＬＯＳＴ』をはじめとした、企画の面白さ、斬新さで勝負するＴＶドラマがたくさん制作され始めました。起用された役者は必ずしも有名ではありませんでしたが、斬新な企画に応えるべく、個性と熱意で視聴者の支持をつかみとったのです。

今やアメリカでは、ＴＶドラマに映画俳優が出演することも、一線級の映画監督や脚本家が製作陣に名を連ねることも、特に珍しくなくなりました。

日本でも業界の価値観は変化しています。一昔前なら肖像権の問題などでネットドラマへのタレント出演を敬遠していた芸能プロダクションの対応も、かなり変わってきました。ＮｅｔｆｌｉｘやＨｕｌｕやＡｍａｚｏｎなどのオリジナル作品が着々と視聴者をひきつけているのも、ご存知のとおり。

アメリカと日本では状況が違う、というご意見もあるかもしれませんが、私はＬＡ時代に受けたカルチャーショックを思い出します。私はアメリカ人が水（ミネラルウォーター）とテレビ番組（ケーブルＴＶ）に金を払うことに、いたく驚きました。当時、日本ではどちらも無料で手に入れるのが常識だったからです。

しかし今の日本では、ミネラルウォーターを買うことも、月額課金の有料配信で番組を見ることも、特に珍しいことではありませんよね。時代は驚くほどのスピードで変化しているのです。

会社始まって以来の超大作『20世紀少年』

若者の映画離れなどとは言われますが、やはり人気原作を持つ作品の映像化は強い傾向にあります。ためしに日本の映画興行ランキングを見てみてください。ベストセラーコミックや小説原作の作品が上位にたくさん並んでいますよね。これは欧米や韓国などとは異なる、特殊な傾向です。

人気のある原作にはたくさんのファンがついていて、ある種の〝保険〟が打たれているので、そんなに大コケもしない。制作サイドとしても安心感があります。

また、今は連ドラが当たって映画版を作るというスキームも定番化しています。『トリック』や『ＳＰＥＣ』の場合、ノベライズ本が出たので、原作と映像の関係が逆になっている、と言えるかもしれません。

私たちは２００８年と09年に、超大作『20世紀少年』を制作しました。原作は言わずと知れた大ベストセラーコミック。監督は堤。唐沢寿明さんをはじめとした総勢３

00名のキャストとVFXを贅沢に使った三部作の映画で、製作費は今までに関わったこともないほど高額でした。

ここまでの大作だと、とうてい私たちだけでは作れないため、映画専門の制作会社（シネバザール）と組ませていただきました。何もかもはじめてで、とにかく大変だったことを覚えています。

実は、『20世紀少年』映画化に際して、日テレから原作者の浦沢直樹先生のもとに話が行った時、浦沢先生が強く堤を推してくださったそうです。

しかし私たちは3年もの間、丁重にお断りし続けていました。理由は、原作が強すぎてファンの反応が恐ろしいから（笑）。ファンの人たちが満足できるものが作れるかどうか自信がありませんでしたし、もしコケたら、監督である堤のキャリアにも傷がついてしまいます。

最終的に、できるだけ原作に忠実に作るという方針に着地し、お引き受けしました。結果的に、3本の合計興行収入は110億円と大ヒット。ほっと胸をなでおろしました。

常に「面白いこと」を用意しておく

若い世代と触れ合う機会は多いですが、今の20代はやはり〃こだわり〃がないと言わざるを得ません。実はテレビ業界を目指している若者であっても、「興味があることを掘り下げる」熱意がとても小さいように感じます。

桐朋学園芸術短期大学で講座を受け持っていた時、実際の旅番組の企画会議をあえて教室で行ったことがあります。あるタレントさんが鹿児島、宮崎に赴《おもむ》いて、土地の歴史やパワースポットを紹介する番組です。学生たちには事前に課題として、面白いスポットを調べてきなさいと指示しておきました。

今の学生たちは基本的に至って真面目なので、リサーチしろと言ったことに関してはきっちり調べてきます。でも、その調査結果を見て私が「なるほど、そのスポットは面白いじゃん。で、それって鹿児島のどこらへんにあるの？」と聞くと「ちょっとわからないっす」と返ってくる。こちらは唖然となります。

普通、人と人との会話において、「△△って場所が面白いよ」と振ったら、「へえ、それってどこにあるの？　どうやって行くの？」というやり取りになるのは、容易に想像がつきます。しかも今はスマホなりPCなり端末があるのですから、その場でも簡単に調べられる。でも、彼らにはそこまでの想像力がない。先回りして指示以上のことができない。

オヤジの説教みたいで嫌なのですが、私が若かったころは、先輩から突然「なんか面白い話ねえの？」と聞かれた時に、「こないだですねえ……」と即答できるようなネタを常に用意しておかなければなりませんでした。でも今の子たちは、最近面白かったことを聞いても「ないっすね」「普通っすね」。常に「秋元さんを笑かさなきゃいけない」という使命感に駆られていた自分からすると、ちょっと信じられないのです。

いえ、別にすべての人間が常に先回りして何かのネタを仕込んでおく必要なんてありません。でも、我々はテレビ業界という場所にいて、たくさんの人に「へえ、面白い」と唸ってもらう番組を作る仕事に就いているのです。面白いことが常時頭になくて、どうやって面白い番組を作るのか……。

アメリカの大学に行っていたころ、日本とすごく違うと思ったのが、教師から質問された時に答えがわからない場合の、学生の答え方です。

日本だと「わかりません」ですが、アメリカ人学生や留学生は「そのことはわかりませんけど、別のこっちのことについては詳しいです」と返す。質問とは関係ないことだったりするのですが、教師も教師で「わかった。説明してみろ」となり、そこから学生の説明がはじまるのです。

「わからない」で終わるのではなく、多少的外れでも別の意欲を見せることで、認められる風土がありました。

このことは、とても心に残っています。どんな仕事にも、限られた予算、人員、時間がありますが、制約が厳しいからといって「そんなんできねえよ、どこにそんなカネがあるの？」と腐っていたら本当に終わり。何も生み出せません。

じゃあ、そのままではできないけど、どこをどう圧縮して、どう展開すれば可能になるのか？　それを考えるのが知恵であり、クリエイティブでしょう。

批判より代案を出せ

「わからない」で終わらないようにするためにはどうすればいいか。

アメリカの大学にたとえるなら、学生側——アイデアを出す側——は「できない」「わからない」と簡単に言わず、常に代案を用意しておくこと。そのためには、常に先回りして「面白いこと」を自分のなかにストックしておくのが大事です。

一方の先生側——会議体や組織で言えば、進行役や上長——としては、多少トンチンカンなアイデアでもとりあえず披露しやすい空気を作ることが大切です。予算や現実感はとりあえず置いておいて、アイデアを吐き出させる。そのうえで、どうやったら実現可能かを考える。

以上をテレビや映画の現場に置き換えるなら、監督は常にアイデアをストックしておく。プロデューサーは監督のアイデアを可能な限り引き出し、モチベーションを上げるということです。

批判やダメ出しは時に必要ですが、批判一辺倒では何も生まれません。だからこそ代案が大切なのです。否定や批判をされた時、あるいはする時、「これはできないけど、△△ならできます」「これはわかりませんが、□□ならよく知っています」という返し。それこそが代案です。

代案出しの天才は秋元さんです。出したアイデアにダメ出しを食らうと、矢継ぎ早に「じゃあこれは?」「それじゃあこれは?」が出てくる。普通の人がそれだけのスピードと物量で代案を思いつくことは到底できません。秋元さんの創造力と提案力は日本一じゃないでしょうか。

クレーン使用日数に関する堤とプロデューサーとの攻防の話が対談にも登場しましたが、プロデューサーの立場としても、「監督、これはできません」ではなく、どういう代案を出せるかが信頼関係を作る鍵。代案なしに批判・否定だけする人は、信用されません。

経験→知識→知恵→代案

　では「代案力」は何で培われるのかというと、ひとえに経験ではないでしょうか。経験とは、あらゆる人生経験を含みます。なんでも好奇心を持ってやってみる。行ってみる。体験してみる。大失敗や大恥、堕落した生活や不義不貞といったダーティなことも、大事な経験です。

　歌舞伎役者や落語家の「芸のためなら女房も泣かす」なんて、今では古い話かもしれませんし、不倫や浮気を推奨したいわけでもありませんが、やはり経験を伴った知識は強い。清濁が入り混じった人生経験は、知識を血肉に浸透させるのです。

　そして、知識の集積は知恵を生み出します。知識なくして知恵は出てきません、知恵すなわち、アイデア。「面白いこと」「代案」の源です。古舘伊知郎さんは知識を自分の身体のなかに入れることが無類の喜びという方ですが、言うまでもなく知恵がすごい。アイデアの塊です。

知恵を発揮するには、「妄想」という燃料も必要です。妄想によって描いた、一見して非現実的なアイデアを、知恵によって実現する。妄想には悪いイメージがあるかもしれませんから、想像と言い換えてもいいでしょう。はなからできないと諦めるのではなく、妄想レベルでいいから「こうなったらいいな」「こんなことできないかな」と想像し続ける力です。

思えば私の世代は、メールやスマホやネットがないことによって妄想（想像）力が鍛えられたのかもしれません。

家の固定電話しかない高校時代、女の子に電話するには、彼女の父親が電話を取った場合の説明をあれこれ想像しておく必要がありました。用件を問われたらこう答える、素性を聞かれたらこう答える……という綿密なシミュレーションが必要だったからです。このトレーニングは、後年ずいぶん役に立った気がします（笑）。

こんな話をすると、またもオヤジの説教かとお思いでしょうが、若者の「代案力」「妄想力」が落ちているのは事実。でも、オフィスクレッシェンドが若い才能を発掘したいという気持ちはとても強いのです。

オフィスクレッシェンド流・若手才能発掘法

私や会社のベテランたちがいくら若者に説教をたれたところで、頭が時代に追いついていないのはわかっています。

私はガラケーとiPhoneを2台持ちしていますが、いまだに電話とメールをするのはガラケーの方が早い（笑）。恥ずかしながら、「乗換案内」がスマホでできると知った時には「すげえ、そんなこともできるんだ！」なんて声をあげてしまったクチですから。

そこでオフィスクレッシェンドは、若手の才能を発掘するべく、2016年に「未完成映画予告編大賞」という映像コンテストを主催しました。

これは3分以内の「架空の映画の予告編」を募集するというもので、グランプリ作品には100万円の賞金に加え、3000万円の予算で映画を作る権利を与えるもの。第1回目は300作品近くもの応募があり、高校3年生最後の1週間を描く『高崎グラフィティ。』が、２０１７年3月にグランプリを獲得しました。

審査員にはオフィスクレッシェンド所属の堤、大根、平川、作家の小原信治ほか、映画配給会社のプロデューサーや地上波放送局プロデューサー、脚本家さんなど。映画の制作プロデュースはオフィスクレッシェンドのスタッフがサポートします。

ショートフィルムではなく、あくまで「予告編」としたのは理由がありました。

実は映像制作においては「音」に結構な手間と時間とお金がかかります。既存の楽曲を使用するには使用料がかかりますし、自作するのは大変。また効果音の収録などにも技術や機材が必要です。

しかし「予告編」なら極端な話、音楽流しっぱなしのミュージックビデオ状態でも成立します。しかも今回、音楽素材マーケットプレイス「オーディオストック」様に協力してもらい、ＢＧＭや効果音１万点以上を無料（ロイヤリティフリー）で使用することが可能になりました。

制作実務や録音機材などにお金がかからないということは、それだけ「センスと思いつき」だけで作品を撮ることが可能だということ。ですからｉＰｈｏｎｅのカメラで撮っても構いません。機材やノウハウという制約を可能な限りとっぱらい、多少荒削りでも面白い発想・アイデアを見てみたい――というのが「未完成映画予告編大賞」の狙いというわけです。「機材やお金がないから作れない」とは言わせません。

先ほど、テレビ（特に地上波）には制約が多いという話をしましたが、映画や舞台にはそこまでの制約はありませんし、ネットはもっと自由です。未完成映画予告編大賞の応募者たちは、そういう「テレビ以外のメディア」の影響力をよく知っている世代。彼らのセンスを見抜き、世に出し、セールスするのはオフィスクレッシェンドの――というよりは業界全体の使命であるとも思うのです。

集まった作品は、グランプリ作品・各賞受賞作だけでなく、現時点で100作品くらいを「MI－CANクリエイターズファーム」という映像ギャラリーにて、次世代クリエイターと地域の情報をマッピングして公開しています。審査員の目には留まらなくても、もしかしたらどこか別の制作会社やプロデューサーの目に留まるかもしれない。いわばウインドーショッピングの役割を果たすのです。

第2回「未完成映画予告編大賞」のグランプリ発表は２０１８年4月を予定していますが、今後も長く続けたいと思っています。ＰＦＦ（ぴあフィルムフェスティバル）出身監督が日本映画界で活躍しているように、「未完成映画予告編大賞」出身監督が活躍してくれれば、願ったり叶ったり。

実は某審査員が冗談めかして「才能ある奴はのちのち自分の畑を荒らすから、芽は早く摘まなきゃいけない」なんて言ってましたが、あながち冗談ではないかもしれません。

若手・無名のクリエイターであっても、企画の面白さによって世に出る。その受け皿となるのはこれまた若い視聴者・若い感性でしょう。そうして市場は変わっていくのです。アメリカのＴＶドラマがそうなっていったように、日本でもきっとそうなります。その起爆剤として「未完成映画予告編大賞」が機能すれば本望です。

映像業界は「お先真っ暗」ではありません。大きな可能性が広がっているのです。

オリジナルを作って一生安泰⁉

テレビ局や映画会社ではなく、一制作会社が「未完成映画予告編大賞」を主催し、作品プロデュースまで行うというのは、たいへん意味のあることだと思っています。なぜこんなことをするのか。若手の才能発掘はひとつの目的ですが、もうひとつ、制作会社の地位向上という使命感もあるのです。

ドラマの制作会社というのは、バラエティの制作会社に比べて、業界の横のつながりがあまりありません。なぜなら、バラエティ番組の場合、複数の制作会社がコーナーごとに担当して1本の番組を作ることもありますが、ドラマはひとつの番組にひとつの制作会社しかつかないケースがほとんどだからです。

しかし2015年、某局が主催した「制作会社サミット」にはじめて出席した際、4社くらいの制作会社のトップと、けっこう突っ込んだ話をする機会がありました。経営のことや、配信をはじめとしたこれからのメディア環境のこと。そして、制作会社同士でパートナーシップを組んで作品をプロデュースできないかという話も。それこそ、「未完成映画予告編大賞」のグランプリ受賞者の作品を共同でプロデュースしたり、テレビ局や配給会社にセールスしたりなんてことができるかもしれません。

１９９０年代、番組の著作権はテレビ局に帰属していました。それが２０００年をまたぐころから、私たち制作会社も著作権の一部を持てるようになり、ＤＶＤ売上に応じた収益も分配されるようになったのです。

そして今、オフィスクレッシェンドには、監督がいて、作家がいて、プロデューサーがいます。番組を作るエンジンは完備されている。であれば、あとは私たち発の企画と資金があれば、主体的に面白いものを作っていける。その突破口が、「オリジナル作品」というわけです。「未完成映画予告編大賞」受賞者の作品も、そうなる可能性を秘めています。

テレビ局発の企画ではない、原作もない、１００％オフィスクレッシェンドのオリジナルということは、権利がすべて自社に帰属するわけですから、当たれば大きな収益を得ることができ、次のステップにつながります。自分たちの手を離れて、別の制作主体が派生作品を作ったり、他メディア展開やグッズ展開ができるかもしれません。『スター・ウォーズ』のルーカス・フィルムが良い例ですね。

その最大の意義は、得た収益を元手にして、さらなる野心的な作品制作にチャレンジできることです。

実際アメリカでは、私たちのような制作会社が自主的に「パイロット版」と呼ばれるドラマを試験的に制作し、テレビ局や映画会社に売り込むというシステムが確立しています。制作のためには自己資金も必要ですし、日本のテレビ業界にはない仕組みですが、実は今、ひとつの可能性として、この「持ち込み」を「未完成映画予告編大賞」で発掘した才能も含め、実現できないか……と画策しているところです。

念押し主義と「井の中の蛙」

そうした新規開拓を図る一方で、私は映像以外の他領域への参入にはものすごく慎重です。

再三お話ししているように、私は小さいころから、無計画でもなんとかなるんじゃないのという、どんぶり勘定的な考えで育ってきましたし、実際なんとかなってきました。でも、そんな人間がまともに仕事をするにあたっては、誰よりも「念押し」と「確認」をしなければ、大きな穴に落ちてしまいます。

よくわからない危ない橋は絶対に渡らないし、石橋は叩いて割っちゃうくらい叩きます。『20世紀少年』はその最たるもの。莫大な製作費と超有名原作というプレッシャー、もしうまくいかなければ堤のクリエイター生命にも関わってしまう。念の押しすぎはありません。素人が社長をなんとかやってこられた理由は、結局この一言に尽きます。

もちろん、仕事上のチャレンジをしないというわけではありません。新しいシリーズはどんどん立ち上げます。だけど、我々は映像を作る会社ですから、その範疇《はんちゅう》のなかで頑張るべき――身の丈は知っています。

実は、自分は「**井の中の蛙**」でいいと思っています。

私や会社を長らえさせたのは、無用に冒険しない「井の中の蛙」精神でした。素人野郎が生き残る道は、自身のテリトリーを越えない、大海の夢を見ない、井の中の蛙、されどそこから見える雄大な空の広さと青さは絶景だから。

本一冊かけてこんな結論で、本当にすみません（笑）。

まとめ　素人力を強みにする十か条

①「まさぐりの砂」であれ

偉い人にイジられることが存在意義、ということもあるのです。私のことです。

②「偶然は必然」と知る

ある誰かと知り合えたり関われたりするのは、自分がその人と関わるべき準備ができていたからです。

③「きっかけ」を大切に

人との出会い、企画との出合いもすべて「きっかけ」。今の私があるのも秋元さんとの出会いが「きっかけ」です。

④最後まで人の話を聞く、言い分を聞く

ヘタに問題解決法をあれこれ考えるより、まずは相手の話を遮《さえぎ》らずに聞きましょう。

⑤相手の顔を見て、そこで何か気づくくらいの心配りを

チームを仕切る立場なら、メンバーを一瞥しただけで異変に気づけるくらい、普段から観察しておくべきです。

⑥「物事の正解はひとつではない」と知る

10人の監督がいれば、1本の脚本からも10通りの作品ができます。この業界でダメでも別の業界で成功することもあります。

⑦スタートが遅れても焦るな

遅咲きのベストセラー作家も、遅咲きの役者さんもいます。外野の声に惑わされることなく、自分の適材適所を見つけてじっくり鍛錬を積みましょう。

⑧失敗も肥やしになる

百戦百勝の人は、負けた時にどう対処していいかわかりません。「負け」は必ず経験しておくべきです。家康公も言っています。

⑨マーケティングなくして利益はない

時代はプロダクトアウトからマーケットインへ。視聴者が何を求めているかを見極め、それでいて面白いものを作るべし。

⑩知識なくして知恵は生まれない

なんでもやってみようという経験が知識を蓄え、豊富な知識が知恵を生みます。無駄な経験などひとつもありません。

あとがき

大した野望も志もないまま、ここまで来てしまいました。

いえ、痩せても枯れても映像制作会社の代表ですから、ハリウッドを目指したいなんていう思いも心の片隅には持っています（笑）。

でも、そこに向けて何かを水面下で構築しつつあるのかというと……？　井の中の蛙に甘んじている私です。

もちろん、チャンスをものにするために自分から仕掛けていかなければならない時があるのも、わかっています。でも、なんの説得力もないのですが、毎日地道に、真面目にやりながら、「こうなるといいな」と思って願い続けていると、ある日ふっと、向こうからチャンスがやってくることがあるのです。

2016年、ずっと思い焦がれていた夢が現実に！

中日ドラゴンズの球団CM制作です。

私は小さいころから中日ドラゴンズの大ファンで、もちろん今でも熱狂的なドラキチ。だから、実は密かに、「いつかドラゴンズに関われる仕事ができたらいいな」と思っていました。ただ、願っていただけです。

すると、地元でお世話になっている方にきっかけをつくっていただいて球団幹部の方々との接点ができ、球団初の周年CMを請け負うことになりました。夢が叶い天にも昇る心地とはこのことでした。

忘れもしない16年1月19日、中日スポーツの一面に、CMの制作記者会見に臨む私の写真が掲載されました。

実はこの日は、SMAPが解散の危機にあるという一大芸能ニュースが世間を震わせた日でもありました。スポーツ紙は軒並みその話題で一面が埋め尽くされていたのですが、中日スポーツだけはこっちが一面。ＳＭＡＰの写真ではなく、私の顔写真だったのです。私にとっては一生の記念になりました。

最後になりましたが、日頃からお世話になっている諸先輩方、クライアントの皆様、お取引先様、そして、素人社長を支えてくれているオフィスクレッシェンドのスタッフのみんな、すでにオフィスクレッシェンドを離れて別の世界で活躍している人たちを含む全員に、最大限の感謝をお伝えしたいと思います。当然のことながら、自分の力だけでは絶対にここまで来られませんでした。

また、こういう本の性格上、第一線のプロデューサーやディレクター、放送作家など、どうしても華やかな部分にだけスポットが当たりがちです。しかし、彼らを支えるアシスタント・プロデューサーやアシスタント・ディレクター、そして総務・経理などの内勤の人たちなくして、会社は動きません。そうした人たちが頑張ってきてくれたことで、なんとかやってこられました。改めて感謝を申し上げるとともに、これからも引き続き支えてもらえると幸いです。

皆さんのおかげです。ありがとう！

二〇一八年二月

長坂信人

編集協力　稲田豊史

長坂信人（ながさかのぶひと）
1957年愛知県岡崎市生まれ。'94年より、映像制作会社（株）オフィスクレッシェンド代表取締役／CEOを務める。同社の主な所属監督は、堤幸彦、大根仁、平川雄一朗。演出家、プロデューサー、作家など総勢70名を抱える。同社及び所属クリエイターが手掛けた作品は、『クイズ赤恥青恥』『金田一少年の事件簿』『ケイゾク』『TRICK』『ピカンチ』『20世紀少年』『SPEC』『イニシエーション・ラブ』『モテキ』『バクマン。』『SCOOP!』『ROOKIES』『JIN-仁-』『僕だけがいない街』『世界一難しい恋』『もみ消して冬〜わが家の問題なかったことに〜』など多数。ドラマ、映画をはじめ、ミュージックビデオ、ライブDVD、舞台映像等、多岐にわたり作品を生み出している。

素人力《しろうとりょく》 エンタメビジネスのトリック?!

2018年4月30日初版1刷発行

著者 —— 長坂信人
発行者 —— 田邉浩司
装幀 —— アラン・チャン
印刷所 —— 萩原印刷
製本所 —— 榎本製本
発行所 —— 株式会社光文社
東京都文京区音羽1-16-6（〒112-8011）
https://www.kobunsha.com/
電話 —— 編集部03(5395)8289 書籍販売部03(5395)8116
業務部03(5395)8125
メール —— sinsyo@kobunsha.com

 ISBN 978-4-334-04347-6

931
常勝投資家が予測する日本の未来
玉川陽介

空き家問題、人工知能によってなくなる仕事、新たな基幹産業、国策バブルの着地点——。「金融経済」「情報技術」「社会システム」の観点から「2025年の日本」の姿を描き出す。

978-4-334-04337-7

932
誤解だらけの人工知能
ディープラーニングの限界と可能性
田中潤　松本健太郎

人工知能の研究開発者が語る、第3次人工知能ブームの終焉の可能性と、ディダクション（演繹法）による第4次人工知能ブームの幕開け。人工知能の未来を正しく理解できる決定版！

978-4-334-04338-4

933
社会をつくる「物語」の力
学者と作家の創造的対話
木村草太　新城カズマ

AI、宇宙探査、核戦争の恐怖…現代で起こる事象の全ては「フィクション」が先取りし、世界を変えてきた。憲法学者とSF作家が、現実と創作の関係を軸に来るべき社会を描く。

978-4-334-04339-1

934
「女性活躍」に翻弄される人びと
奥田祥子

女の生き方は時代によって左右される——。人びとの等身大の本音を十数年に及ぶ定点観測ルポで掬い上げ、「女性活躍」推進のジレンマの本質を解き明かし、解決策を考える。

978-4-334-04340-7

935
検証　検察庁の近現代史
倉山満

国民の生活に最も密着した権力である司法権。警察を上回る権限を持つ検察とはいかなる組織なのか。注目の憲政史家が、一つの官庁の歴史を通して日本の近現代史を描く渾身の一冊。

978-4-334-04341-4

936
最強の栄養療法「オーソモレキュラー」入門
溝口徹

がん、うつ、アレルギー、発達障害、不妊、慢性疲労…etc. 全ての不調を根本から改善し、未来の自分を変える「食事と栄養素の力」とは。日本の第一人者が自身や患者の症例を交え解説。

978-4-334-04342-1

937
住みたいまちランキングの罠
大原瞠

便利なまち、「子育てしやすい」をアピールするまち、イメージのよいまち、ランキング上位の住みたいまちは、本当に住みやすいのか？ これまでにない、まち選びの視点を提示。

978-4-334-04343-8

938
空気の検閲
大日本帝国の表現規制
辻田真佐憲

エロ・グロ・ナンセンスから日中戦争・太平洋戦争時代まで、大日本帝国期の資料を丹念に追いながら、一言では言い尽くせない、摩訶不思議な検閲の世界に迫っていく。

978-4-334-04344-5

939
藤井聡太はＡＩに勝てるか？
松本博文

コンピュータが名人を破り、今や人間を超えた。しかし藤井はじめ天才は必ず現れ、歴史を着実に塗り替えていく。奇蹟の中学生とコンピュータの進化で揺れる棋界の最前線を追う。

978-4-334-04345-2

940
ＡＩ時代の新・ベーシックインカム論
井上智洋

未来社会は「脱労働社会」――。ベーシックインカムとは何か。財源はどうするのか。現行の貨幣制度の欠陥とは。導入最大の壁とは。ＡＩと経済学の関係を研究するパイオニアが考察。

978-4-334-04346-9

941
素人力
エンタメビジネスのトリック?!
長坂信人

「長坂信人を嫌いだと言う人に会った事がない」――秋元康氏。超個性的なメンバーを束ねる制作会社オフィスクレッシェンド代表による仕事術、経営術とは？　堤幸彦監督との対談も収録。

978-4-334-04347-6

942
東大生となった君へ
真のエリートへの道
田坂広志

東大卒の半分が失業する時代が来る。その前に何を身につけるべきか？　高学歴だけでは活躍できない。論理思考と専門知識が価値を失う「人工知能革命」の荒波を、どう越えていくか？

978-4-334-04348-3

943
グルメぎらい
柏井壽

おまかせ料理ではなくお仕着せ料理、味よりもインスタ映え、料理人と馴れ合うブロガー。今のグルメ事情はどこかおかしい――。二十五年以上食を語ってきた著者による、覚悟の書。

978-4-334-04349-0

944
働く女の腹の底
多様化する生き方・考え方
博報堂キャリジョ研

今の働く女性たちは何を考え、どう生きているのか？「キャリア（職業）を持つ女性」＝通称「キャリジョ」を徹底分析。多様化する、現代を生きる女性たちのリアルに迫る。

978-4-334-04350-6

945
日本の分断
切り離される非大卒若者《レッグス》たち
吉川徹

団塊世代の退出後、見えてくるのは新たな分断社会の姿だった――。計量社会学者が最新の社会調査データを元に描き出す近未来の日本。社会を支える現役世代の意識と分断の実態。

978-4-334-04351-3